姬业成 编著

农村读物出版社

杜润生亲切会见青年农经工作者

张根生同志（右一）在农村考察工作

王郁昭同志（右一）在安徽农村同农民亲切交谈

王郁昭同志（右）在安徽视察养鸡专业户

沈祖伦同志（右一）与基层干部亲切交谈

卢良恕同志在作学术报告

吴象同志近照

陆子修同志在安徽大别山向村民宣讲中央2004年一号文件

吴镕同志（右三）在考察小城镇

吴镕同志（左）与本书作者合影

刘应祥同志（左）与本书作者在麦田考察

牛若峰同志（左）在接待来访者

郭书田同志在内蒙古凉城县灾区检查救灾工作

内容简介

本书以生动的笔法，翔实的内容，鲜明的观点，展示了我国“三农”领域11位知名的领导人、科学家、专家学者执着关注“三农”问题的浓浓情怀。其中又着重介绍了他们离退休后继续深入调查研究，积极向党中央建议，为“三农”问题奔走疾呼的感人事迹。

这11位人物是：

杜润生 原中共中央农村政策研究室主任

张根生 原广东省委书记、吉林省长、国务院农村发展研究中心副主任

王郁昭 原安徽省长、国务院发展研究中心副主任

沈祖伦 原浙江省省长、全国政协常委

吴　象 原国务院农村发展研究中心副主任

卢良恕 中国工程院院士、原中国农科院院长

陆子修 原安徽省人大副主任

吴　镕 原江苏省委农村工作部长，省政协秘书长

刘应祥 原全国小麦专家顾问组组长

牛若峰 农业经济学家

郭书田 原农业部政策法规司司长

原全国人大副委员长田纪云同志为本书作序。序言题目是《关心三农　人人有责》。

关心三农　人人有责

（代序）

过去说中国是一个农业大国，现在还是不是？我看还是。随着工业化程度的提高，农业在经济总量中的比重是下降了，2004 年农业总产值占国民经济总产值的 15.2%，但农业的重要性依然存在。农业仍然是保障 13 亿人吃饭的产业，仍然是基础产业。如果 13 亿人口的国家吃饭出了问题，整个经济的基础就会发生动摇，什么问题都会发生。再说，我国现在 13 亿人口中约有 9 亿仍属农村人口。就是到了 2020 年，中国的城市化率能提高到 50%，农村人口仍不会少于 7 亿人，这同我们六十年代说的 5 亿农民相比，农民人口的绝对数不但没有减少，反而是增加了。农村更是一个广阔的天地，占国土总面积的 90% 以上。因此，“三农”问题不论到什么时候都是不能忽视的，没有农业和农村的现代化，中国就不能实现真正意义上的现代化；没有占人口绝大多数的农民的小康，中国就不算真正的小康。

中国共产党对“三农”问题应该说是一贯重视的。

革命初期就注意发动农民，实行土改，使广大贫苦农民分得土地，实现耕者有其田，解决农民的温饱问题。但后来就逐渐背离了农民的利益，违背广大农民的心愿，过急的合作化和公社化，剥夺了农民刚刚获得的土地，严重侵犯了农民利益。直到“文化大革命”结束后，才尊重广大农民的意愿，逐渐纠正错误，通过实行家庭联产承包责任制，使农民重新获得了土地使用权。

中国农民对中国的革命和建设做出的贡献是巨大的。民主革命和解放战争时期，几千万农民参军，几百万农民抛头颅洒热血；三年困难时期，饿死了许多农民，农民仍然缴纳“皇粮国税”，仍然以低价保证城市农产品的基本供应；工业化过程中，农民通过剪刀差，低价出让土地，提供廉价劳动力，大约为工业化、城市化提供了10万亿元的建设资金。

因此，农民有权力分享工业化、城市化的成果。

但不能忽视的是，目前农业仍是弱质产业；农民仍是弱势群体；违背农民意愿，侵犯农民利益的现象比比皆是；农村贫困落后问题仍是中国全面实现现代化的最大制约因素。城乡人民收入差距越来越大，人均只有一亩多地的资源局限迫使上亿农民进城打工，而农民工的合法权益却常常得不到保障。

中国共产党必须也应该想农民之所想，急农民之所急！十六大以来，党和国家采取了一系列惠农政策，使“三农”状况有所改善。但要根本解决问题，还需全党重视，长期努力。农村改革的任务还很艰巨，农业发展的路子还很长，需要思想创新、制度创新、技术创新。

我们党内和社会上有一批一直关注“三农”问题的老同志，他们是“三农”问题专家，是农民的知心朋友，是中国农村改革积极推动者。他们的精神应当受到褒扬，他们的建议应当受到重视，他们是党和人民的宝贵财富。希望有更多的人关心“三农”，研究“三农”，为“三农”献计献策。“三农”问题彻底解决之日，将是中国富裕强大之时。

写下这些，权作《三农情》一书的序言。

田纪云

2005年7月24日

目录

农村改革先驱 杜润生

◎ 姬业成

2003 年 7 月 18 日，一批农村工作者来到京西宾馆，共议深化农村改革问题。碰巧，这一天是杜润生同志 90 岁寿辰。大家不约而同地谈起了杜老对中国农村改革做出的巨大贡献，为他祝寿。杜老十分高兴，他说：我也不知道我为什么能活到 90 岁，想来想去，就是靠共产党给我们创造了一个新时代，使我们这些来自乡村的知识分子，获得了良好的生活条件，我家祖宗三代，都是 40 多岁、60 多岁就死了，我却活了 90 岁。

杜老将一生都交给了共产党，从他 1936 年加入共产党算起，党龄已经快 70 年了。

他原名杜德，1913 年生于山西省太谷县阳邑村一个农民家庭。5 岁丧母，13 岁丧父，高小毕业后即到太原一家皮货店当学徒，因看不惯店主的欺诈行为，只干了两个月就离店回家了。后来又考入太原国民师范。开始接触到一些进步人士和革命读物，逐渐萌生革命念头，1932 年经人介绍加入了共产党的外围组织抗日反帝同盟会，并参加了一些示威游行、宣传讲演活动。因遭国民党通缉，只好跑回乡下躲避。1933 年，也就是他 20 岁那年来到北平，又与组织接上了关系，并考入北平师范大学文史系。当时北京聚集了一大批共产党人和进步青年，思想非常活跃，新文化运动如火如荼，反动派非常害怕，实行白色恐怖，经常抓人。杜润生的革命活动很快被反动派当局察觉，加上有人告密。1935 年他被反动派当局逮捕，关了数月。因找不到证据，只好将他释放。经过这次铁窗洗礼，杜润生革命意志更加坚定，决心献身革命，党组织也认为他已经具备党员条件。于是，就在他出狱不久的 1936 年接受他为中国共产党员。

入党后，他就投身到共产党领导的山西晋中地区的抗日游击战争。历任晋中游击队三支队队长、太行区党委宣传科科长、太行太岳冀南联合办事处教育处处长、晋冀鲁豫边区政府委员、太行六分区专员、太行行署副主任等职。在此期间，他的太谷县同乡、国民党四大家族之一的金融寡头孔祥熙曾多次设法争取他“归属政府，予以重用”，均遭他断然拒绝。他告诉孔，我已铁了心跟共产党干革命。

在此期间，杜润生比较系统地学习了马列主义，确定了革命的世界观、人生观。

解放战争中，杜润生随刘邓大军南下，挺进大别山。期间，先后担任过淮西区党委书记，豫皖苏边区四地委书记，中原局秘书长，华中局秘书长。为开辟新解放区做了大量工作。

新中国成立后，杜润生同志担任中共中央中南局秘书长兼研究室主任、中南土改委员会副主任。在领导中南新区土改运动中，他提出的分两步走，即先普遍发动群众，剿匪反霸，减租减息，建立农会组织，然后再划阶级、分配土地的做法，并提倡干部与群众同吃、同住、同劳动的意见，曾受到毛泽东的赞赏，并在全国推广。

1953 年，杜润生同志调往北京，担任新成立的中共中央农村工作部的秘书长，还兼任国务院农林办公室副主任，作为邓子恢的助手，领导了全国的农业合作社运动。但就在这场涉及几亿农民命运的农业合作化运动中，邓子恢的稳步前进的方针同毛泽东的迅速掀起农业合作化运动高潮的方针发生了冲撞。毛泽东批评邓子恢和他的主要助手杜润生“像一个小脚女人，东摇西摆在那里走路，老是埋怨旁人说：走快了，走快了。过多的评头品足，不适当的埋怨，无穷的忧虑，数不清的清规戒律”，“这是错误的方针”。从此，杜润生就受到一连串的批判，成了“小脚女人”的代表人物之一。批判告一段落后，决定将他下放海南岛工作。后因中央成立科学规划委员会，要搞科学研究规划，才把杜润生留在北京，到科学院规划委员会担任办公室副主任。在制订规划过程中，杜润生协助张劲夫，李四光等同志作了大量组织协调工作，他善于团结知识分子，倾听科学家意见，起了很好的作用。因此，在规划完成后，张劲夫同志要求杜润生留中国科学院工作，任秘书长，党组副书记。

杜润生原来是搞农村工作的，不熟悉自然科学。但他勤于学习，善于团结各方面的专家。因此，同科学界的人处得很好，反右派斗争中，他又积极协助张劲夫同志保护了一大批科学家。在中国科学院工作的10年中，他参与或主持了许多规划和条例的制订及实施，对“两弹一星”的成功发射和中国科学的发展作出了应有的贡献。

“文化大革命”中，他又被陈伯达点名，新账老账一起算，吃尽了苦头，挨批挨斗十年。但坚强的革命信念终于使他坚持到了“四人帮”倒台。十一届三中全会后组织上为他彻底平了反。

1979年中央调杜润生同志任国家农委副主任，主持关于农村改革的调查研究和文件起草工作。

从土改结束一直到“文化大革命”，中国农民几乎没有过过几天安生日子，可以说一直处在折腾之中。自从批了“小脚女人”之后，中国农村就搞起了农业合作化高潮，许多地方根本没有经过互助组、初级社，就进入了高级社，取消土地股权，完全靠“工分”吃饭，剥夺了农民的土地和其他生产资料，接着而来的人民公社化运动，更是一场乌托邦式大试验，“一大二公”，实际上是一大二空。决策者试图通过频繁的改变生产关系，消灭私有制，达到提前进入共产主义的愿望。这种主观主义，空想社会主义给中国农村造成了灾难性的后果。大跃进造成的三年困难时期，全国农村饿死了几千万人，砍掉了大量树木，破坏了生态平衡，搞光了农民的家底。全国学大寨运动的开展，进一步将左的一套推向极端，到处批资本主义，割资本主义尾巴，完全切断了农民同市场的联系，将农民禁锢在土地上。从1953年到1978年的25年里，全国农民的收入平均每年只增长了一块钱。“文化大革命”将中国经济搞到了崩溃的边缘，农村经济更是这处于崩溃边缘的经济中的最薄弱的部分。

因此，党的十一届三中全会确立了解放思想，实事求是，改革开放，以经济建设为中心的路线后，农村的改革首当其冲，先解决农民吃饱肚子的问题成为一切改革的前提。

杜润生就是在这个最重要的关头，走上了研究制订农村改革政策的岗位，可谓受命于危难之时。

一方面是广大农民急于挣脱人民公社的枷锁，一方面是一些干部的思想观念还处在左倾教条主义的禁锢之中，许多地方的农民偷偷搞起了大包干，包产到户，而一些领导干部却还在争论着是走阳关道，还是走独木桥的问题。

在邓小平同志的领导下，在当时的中央领导集体几位同志的支持下，杜润生团结一批勇于改革的人，善于从隙缝中寻找机会，找到突破口，以著名的“可以可以也可以”（即从实际出发，因地制宜，分散决策，可以包产到组，可以包产到户，也可以包干到户）的高超艺术，将农村改革迅速推向深入。人们称赞“可以可以也可以”是马克思主义，是辩证法，是符合客观规律的循序渐进。

从 1981 年到 1986 年，杜润生同志受党中央的重托，领着一批人，集中了全国人民之智慧，先后制订了五个中央一号文件，以不同形式，将近 20 亿亩土地承包给 3 亿农户耕种。用双层经营、家庭联产承包责任制的形式，非常稳妥地纠正了人民公社大锅饭的弊病，使几亿中国农民获得了生产自主权，成为独立的商品生产者。“交够国家的，留够集体的，剩下都是自己的”的分配方式，为广大农民所接受。

谈起这段历史，人们都会很自然地产生一种联想，深感历史给中国人上了生动的一课。演绎这段历史的重要人物之一的杜润生，虽然当年曾被批判为小脚女人走路，但 25 年后，历史却又将纠正毛泽东搞大跃进、穷过渡后果的任务落在他的肩上。杜润生不但没有责怪毛泽东当年对他的错误批判，反而诚心诚意地、认真细致地、巧妙周到地将人民公社的牌子慢慢摘下，既没有产生破坏性的震荡，又没有损害毛泽东的威望，平稳地完成了从空想社会主义到社会主义初级阶段的过渡，保护了生产力，保护了集体经济，保护了广大干部。在从 1980 年到 1988 年的大变革年代，不但没有发生乱子，而且农业生产和农民收入年年增加。没有对党和毛主席的一片忠心、没有对广大农民的无限热爱，没有对客观规律的熟练驾驭是难以做到的。

从 1979 年到 1989 年这 10 年，可以说是杜润生历史上最辉煌的 10 年。他的党性品质，他的哲学思辨，他的人格魅力和他的领导艺术，他的组织才能都得到了淋漓尽致的发挥。他团结了一大批关心“三农”问题的人，其中既有曾长期从事农村工作的老同志，也有刚从国外或刚从下乡知青队伍中选拔上来的年轻人。在这些人中间，有的非常激进，有的相当保守，有的受传统影响很深，有的满脑子西方经济学观点。他们从不同角度认识中国农村的问题，既有共识，也有争论。但不论什么意见，老杜都能听进去，并积极吸收其合理的成分。因此，谁都可以和他讨论问题，谁都可以和他争论，他则兼容并蓄，纵横捭阖，连反对过他的人，都能和他一起工作，并发挥作用。每年制订一号文件，他都要到地方上去调查研究，请地方分管农村工作的负责人到北京座谈讨论，与中央各涉农部门的讨论更是常事。他的这种民主作风给人留下了很深的印象，也产生了很好的效果。

杜润生非常重视调查研究，非常重视寻找事物现象背后的规律。凡和他接触过的人很快就会发现他的这一特点。他对真实的世相永远有兴趣，听调查汇报和他亲自调查，对新鲜事物他是从不放过的，总要问个到底。但他又从不停留在现象上，总是善于透过现象去探索规律，寻找事物的本质。对于他的这一特点，有人说是他长期从事调查研究工作养成的习惯，因为新中国刚一成立他就是中共中央中南局的秘书长兼研究室主任。笔者曾有幸参加了 1951 至 1952 年由他领导组织的中南地区百乡调查，用 8 个月时间，将不同类型的 100 个乡的社会、经济状况摸得清清楚楚，从数量统计分析入手，先弄清一个一个个体，再研究总体。当时大家对设计的一大套统计表格，上千个数字还不大习惯，而他则强调，任何事都是有量的表现和量的界限的，离开了一定的量就谈不上事物的质。那次调查，对全中南地区农村工作的决策都产生了很好的作用。杜润生在中国科学院工作 20 多年，许多科学家的思维方式，对他无疑是会产生影响的。因为科学的东西来不得半点虚假，而且必须是有规律可循的，只有找到了规律，才算认识了事物的本质。他这种探寻事物本质的精神感染着同他接触的每一个人。因此，同他在一起工作的每一个人都有一个强烈的感觉，就是你一旦和他接触，就不能不受他的影响。他虽然从来不把他的思想观点强加于你，他鼓励你把话讲完，还鼓励你和他争辩，但就在争辩中，你不知不觉地就会发现，双方都接受了对方观点中合理的成分，找到了一致的地方，明确了不一致的焦点，启发你自觉自愿的再思考再调查，再讨论，弄个究竟。

杜润生同志常常告诫到农村搞调查的同志说：搞调查一定要有科学态度，调查是有目的的，但目的只是最后的结果，不能事前定框框，如果带着事先设计好的框框下去找例子来证明自己的观点，那不叫调查研究。可惜，过去这类所谓调查研究太多了。上边说“左”是主要危险，就下去找“左”的例子；上边说“右”是主要危险，就下去找“右”的例子，上边说形势大好，下去带回来的就全是莺歌燕舞。这样的调查害人不浅，一定要防止。调查一定要实事求是，有一说一，有二说二，黑的就是黑的，白的就是白的。而且世界是多彩的，既不黑也不白的事大量存在，不要急于定性，要先定量再定性。

杜润生总是强调，在调查研究中，既要用归纳法，又要用演绎法，归纳是进行量的综合分析，演绎是抽象、推理。忽视了哪种方法都不好。中国人长期善于演绎法，根据少量事实，甚至个别例子就下结论，说“事实充分说明”，“事实完全证明”怎么怎么。其实是既不充分，也不完全，而是充满主观臆断，靠这样的所谓调查研究进行决策是很危险的。

记得1983年在研究1984年应该对农村改革提出些什么政策建议时，关于农村雇工问题争论不休，有人认为雇工问题已相当严重，是剥削回潮，应该制止；有人认为这是发展规模经济、商品生产的必然现象，应该引导；有人认为这才是刚刚露头，属萌芽状态，不必过虑。讨论中举出的什么样的例子都有，提出的建议也很多，而且分歧不小，但最后做出的几条概括却使大家形成了共识：

1. 中国这么大，什么例子都可以找出来，不能靠几个例子定性。要继续寻找共同规律。

2. 刚刚发生，还看不准、吃不透，可以再看几年，不必匆忙下结论。

3. 不能从过去形成的概念出发，要研究活生生的现实。

4. 不能只从道德角度审视，要研究经济关系及其对经济发展的影响。

5. 中间的、过渡的、可变的、非驴非马的事物是存在的。因此，不能武断地用"准许"或"不准许"的办法处置。

6. 有些事物共存于一个机体之中，不能任意破坏，捣巢伤卵。

这是杜润生用辩证唯物主义方法对待复杂事物的一个例子，不仅当时大家口服心服，避免了无休止的争论和仓促决策，而且保护了生产力，对中国农村商品生产的发展和农民就业发生了深远影响。

每年讨论一号文件草稿，他都要请许多人参加讨论，其中有些常提反对意见，甚至是很错误的意见。因此，有些工作人员曾向他建议："别请某某来了，他常起反作用"。杜老则坚持说："一定要请，大有好处"。因为杜润生同志善于从不同意见中找到值得注意、需要说清的问题，并从中找到可能性的空间，同中求异，异中求同，找到突破口，找到可以向前推进的区域，再根据约束条件提出切实可行的解决问题办法。最终达到解决矛盾的目的。在适合提出问题的时机，提出应该提出的问题，减少阻力，增加合力。

中国农村改革的重点是制度改革。根据国际经验，制度改革的方式大体有渐进式、突进式、强制式、诱进式、立法先导式、试验先导式、整体变革式和局部变革式等。

从“文化大革命”结束后的中国农村的实际情况看，进行制度改革是必须的，不改革不行了，搞不下去了。十一届三中全会后，确定了改革开放方针，全党认识到农村人民公社制度必须改革，但到底应如何去改，就要靠实践去解决。杜润生同志在这个时候，受命主持研究农村改革和进行实施操作，困难很多。但他临危不惧，上靠中央，下靠群众，采用渐进、诱进、试验先导的办法，先易后难，先拣容易取得共识的问题改，再一个一个攻破难题。先解决土地经营权问题，再解决农产品购销体制问题。每一个问题的解决都是先有典型示范，试验先导。这样做，说服力强，容易统一思想，节约成本，减少风险。当时，有些人是比较激进的，主张土地私有，分到农户。杜润生同志劝他们，尊重规律，尊重实际，不要去办暂时办不到的事。在杜润生同志的倡导下，全国建立了18个农村改革试验区，400多个固定观察点，每年都为全国农村改革提供了大量鲜活经验，这些无异都是贯彻唯物主义改革路线的有力措施。实践证明这样做是成功的。

1989年下半年，杜润生同志退出领导岗位，这时他已76岁，按说该颐养天年了，可他仍然心系“三农”，继续研究农村问题，为深化农村改革呕心沥血。他领导的全国农经学会，每年都要确定一个主题，研究农村改革中最迫切最重大的问题；他创办的全国农民企业家联谊会，每年都要围绕乡村企业问题进行探讨；他拿出自己的积蓄并引来一些农民企业家捐资建立的中国农村改革研究基金会，在推动农村改革方面发挥了积极作用。在列席参加党的十五大、十六大会议上，他都就如何深化农村改革问题作过认真发言。16 年来，差不多每个工作日他都还到为他留下的办公室里“上班”。进入 90 高龄后依然如此。他最喜欢看到的是从四面八方送给他的有关“三农”问题的调查报告，他最喜欢接待的是来自省、市、县、乡村搞农村工作的干部，因为他们会给他带来若干当前“三农”问题的最鲜活的信息。他与许多农民企业家交朋友，为他们出谋划策。在他的办公室里放着一张农民企业家送给他的躺椅，这位农民企业家说，杜老为全国农民已经工作到 90 岁了，不能老是坐着，我想让他累了的时候躺一会，歇歇身子，他的健康长寿是全国农民的福。

年龄不饶人。如今，他的手有些颤了，耳朵也有些聋了，但思维一点不乱，还经常参加一些研究会，发表见解。他的话记下来就是一篇文章。我与余国耀、吴镕同志在张根生同志的组织下写了一本反映五个一号文件制订过程的书，想请他写个序。考虑到他年纪大了，本想由他人代拟初稿，请他过目签名。谁知，他一定要自己动笔，写了 6 000 多字。在这篇序言里，杜润生同志认为，从这本书里可以看出尽管改革有这样那样的摩擦，但还是初步完成了探索，取得了比较满意的结果。说满意就是指农民生活有所改善，生产力有了新发展，工农联盟得到了加强。但农村改革事业还在继续，正经历一个深化过程，有更多的难题等待解决。这说明杜润生同志并不满足农村改革已经取得的成绩，他的思想没有停滞，他还在思考着许多问题。正如他在这篇序言中的另一段所写的“农民作为市场经济主体，拥有的自主决策权需要得到保护；他们的就业机会还待开拓；劳动收益外溢状况还待遏止；改革果实分配的公平性、公正性，还需要给出政治保证，农民的谈判地位还应予以提高”。他还认为，“当前农村待解决的问题很多，许多是我们没有接触过、也没有先例可循的新问题。为鼓励人们交流信息，知识创新，需要有一个民主环境。”“历史发展的轨迹，是一面镜子，使我们了解到凡合乎客观需要的事物，最终都会变为现实，但要经历曲折过程。真理是代表多数人民的要求，但较多的时候和场合，发现与坚持真理的却属于少数。有位经济学家检阅经济学发展史，发现某些先进而正确的理论和观点，从少数人的手中走向大众，成为时代潮流，大约有 50 年时差。看来保护少数十分重要。一个社会缺乏保护少数的制度，表明它还是一个不成熟的社会。”杜润生并不认为家庭联产承包责任制会是永远不变的。他说：“任何一种经济制度都会发生变化的。将来人类智能高度发展，科学知识作为生产要素，其功用会超过土地和体力劳动，那时家庭农业会有什么变化，还说不具体，但起变化却是一定的、必然的。问题只是在什么条件、什么时间、什么地点发生变化和怎样变化。解决这个问题，我相信下一代人会比我们更聪明更适宜。”从他的这些思维中，我们可以清楚地看到杜润生同志对中国农村改革的深谋远虑，他是以战略的眼光来看待这个问题的。

杜润生同志近几年思考和研究的重点是中国的民主改革和农村制度建设。他认为，民主改革的任务非常艰巨，因为中国是一个有着几千年专制历史的国度，封建专制主义根深蒂固，渗入到各个领域，影响着一代又一代人。只有民主政治问题解决了，经济改革才能获得政治保障，才能充分调动广大人民群众的积极性、创造性。人民群众有了广泛的民主权利，才越关心社会进步，而人民群众的广泛参与是一切社会进步和发展的基础。2004 年 12 月 18 日在人民大会堂举行的中国农村改革理论研究成果第一次颁奖大会上，杜润生同志作了精彩发言。他在发言中特别鼓励大家努力探索制度创新。他说：只有有了良好的制度，才能巩固改革成果，才能促进一切走向良性循环，形成促进社会、经济向前发展惯性。制度创新，技术创新是农村繁荣、农民富裕的必由之路。

2005 年 3 月 14 日，温家宝总理在全国人大十届三次会议结束时举行的中外记者招待会上，引用了诺贝尔奖获得者、美国经济学家舒尔茨的一段话："世界上大多数人是贫穷的，所以如果我们懂得了穷人的经济学，也就懂得了许多重要的经济学原理。世界上大多数穷人以农业为生。因而，如果我们懂得了农业，也就懂得了穷人的经济学。"

在中国，研究农业，研究穷人经济学的人不少。杜润生同志称得上是这个领域的领军人物之一。他已经出版了《中国农村制度变迁》、《中国农村经济改革》等多部专著，有些已被译为英文、日文版，传播到国外。现在，他还在写回忆文章，力图将其一生研究成果贡献给社会。国外有些媒体称杜润生是中国农村改革之父。杜老听到后一再声明：可不能这样说：我只是做了一点具体工作，真正决策的是邓小平同志和当时的中央领导集体。2004 年以来，他还特别赞扬胡锦涛、温家宝的农业政策。说：十六大选出的新领导有魄力，在农业上办了几件我们当时想办都没有办的大事，比如取消农业税，全面支持农民工进城。

杜老认为，中国"三农"问题的真正解决，还必须过好两道关，一道是市场关，一道是民主关。经济改革要坚持已经选择的社会主义市场经济取向，义无反顾地走下去，政治上要实行以建立民主法制为基本内容的政治体制改革，二者要相辅相成、协调配套进行。市场经济造就出多元经济成分，反映到政治上必然会出现多种利益需求的新格局，只有发扬民主，健全法制，才能使不同利益主体的意见得到充分表达，形成统一意志，又使全社会在法制的约束下运行。

他还对政治体制改革的滞后表示了一定的担心。他认为，如果离开政治体制改革，单纯推进市场经济，不仅会带来更多的市场风险，而且会引发腐败分子权钱交易，寻租行为的泛滥。一些人还会利用权力，借改革之名，侵吞群众利益，窃夺改革果实，造成分配不公，两极分化。缺乏政治保障、人文保障、法制保障的市场经济和商品交换，最终也将丧失产生基础，失去其对生产力发展的积极作用。

他认为，中国有广泛的人民民主基础，应充分发挥人民民主的优越性，要保护人民的自由权利，鼓励人民群众自求解放，凡涉及公众利益的事情，要按照公开、公正、公平的原则，坚持民主决策程序，让群众参与，尽量拓展政权的群众基础，创造一个让人可以自由思考、自由发表意见的环境，鼓励人们创新。当前，乃至今后相当长的时期内，都要注意培养农民的民主意识，不要以农民不会民主为理由，而不给农民民主，中国是一个长期受封建专制主义统治的国家，缺乏民主传统，等级制、家长制、一言堂，公权侵犯私权、权力支配经济、人身依附等落后的东西根深蒂固，农民是最大的受害者。共产党有责任帮助农民学会民主，摆脱人身依附，掌握自己的命运。国家则要真正给农民以公民待遇，纠正对农民的歧视。使农民在接受教育，获得就业、就医机会，享受社会保障等方面有与城市人平等的权利，让农民有自己的组织，在涉及农民切身利益的问题上有谈判地位，有发言权。

杜老寄厚望于年轻人，他经常说，农村问题是个永恒的主题，与之相关联的因素太多，谁也不能穷尽真理，需要一代接一代探索、实践、改革，再探索、再实践、再改革。

杜润生同志为中国农民的解放和富裕已经奋斗了 70 多年，他曾经为农民的苦难而落泪，也曾为农民的温饱而欢欣，而他自己的人生之旅却充满了曲折与不幸。古人常说的“人生三大不幸”，有两条都落到他身上。第一不幸是“幼年丧父母”，他 5 岁丧母，13 岁丧父，很小就挑起了生活的担子，造就了顽强生存的性格。第二不幸是“老年丧子嗣”，杜润生同志惟一的儿子杜林因留学前苏联时找了一个该国妻子，“文化大革命”中惨遭迫害，成了残疾人。因为儿子是残疾人，杜润生同志还以残疾人家属的身份担任过全国残疾人联合会副主席。可怜这个残疾儿子也在几年前离开了这个世界。至于杜老个人在多次政治运动中曾经受到过批判和折磨，更是尽人皆知。但个人的坎坷和家庭的不幸丝毫没有影响杜老的革命信念和人生追求。崇高的理想信念支撑着他的精神，使他在任何情况下都坚强地生活着、奋斗着、创造着。

进入 2005 年，杜老已经是 92 岁的老人了，但他仍然在关心着“三农”问题。作为曾在杜老身边工作过的人，我曾受到过他的谆谆教导，前年当我生病住院并接受了一次较大手术时，他立即写信给我：“对于病，不要怕，战略上轻视，但必须遵守医嘱，在战术上重视，祝早日康复!”杜老的这封信给了我力量、信心。我现在已经康复，但这封信我一直放在案头，作为座右铭。

我差不多每月都要去看望一次杜老，每次去都看到他在伏案写读，而所写所读又几乎全是“三农”问题的文章。他的这种为革命鞠躬尽瘁、为农民操心的忘我精神常常使我感动得眼眶湿润，全国农民如果知道有这样一位老人终生在为他们的利益操劳，我想一定会为他祝福，希望他健康长寿的。

附：《中国农村改革决策纪实》序言

杜润生

适逢改革20周年，长期从事农村工作的余国耀、吴镕、姬业成同志分工合作，写了一本叫《中国农村改革决策纪实》的书。顾名思义，他们是阐述中共中央关于我国农村改革的决策经过和主要内容，以及改革以来，农民地位的变化。十一届三中全会启动的农村改革事业对中国广大农民，可以说是又一次解放。这次解放是对社会主义制度的自我完善，是在工人阶级政党领导下，集中农民的要求，探索一种更符合社会主义初级阶段的国情，更有利于发展生产力，更有利于改善农民的经济地位，激励他们发挥主动性、创造性的农业经济体制。这本书就是按作者本人所占有的信息，如实地写出这个过程，可以看出尽管改革有这样那样的摩擦，但还是初步完成了探索，取得比较满意的结果。说满意，就是指农民生活有所改善，生产力有了新发展，工农联盟得到加强。但农村改革事业还在继续，正经历一个深化过程，有更多的难题等待解决。农民作为市场经济主体，拥有的自主决策权需要得到保护；他们的就业机会还待开拓；劳动收益外溢状况还待遏止；改革果实分配的公平性、公正性，还需要给出政治保证；农民的谈判地位还应予以提高。

书的作者，约我写个序言，顺手写出以下一些心语，作为回应。

一、改革改什么

十一届三中全会，最大的历史意义，是启动了经济体制改革。这次改革，特定的涵义是什么？应当在认识上把握住，否则，遇一个风浪就会动摇自己的信念。全会做出决议，党的工作重心转移到经济建设上来，不再继续坚持以阶级斗争为纲。这也就是把发展生产力，实现现代化，作为中心任务。过去认定无产阶级一旦取得政权，就可即时全面消灭私有制，建立公有制，带来生产力大发展，因而把消灭阶级作为首要的任务。阶级斗争为纲，在无产阶级专政条件下继续革命，不过是这个任务的继续和发展。我国从 50 年代起，按领导者的设想，全面地完成所有制改造，截至 70 代年末即改革前一年，还未见到原来所预期的结果。说明：社会主义社会只能建立在生产力高度发达的基础上，马克思主义这个原则，还是有效的。是否有利于社会生产力的发展，是判断空想社会主义和科学社会主义的一条重要标准。穷过渡是搞不成社会主义的。这时，重新做出判断：我国经济文化发展，还处在社会主义初级阶段。在这样的基础上实现社会主义，要经历一个较长的过程，有必要执行某些过渡时期的政策。如在社会主义经济主导下，允许私有经济的存在发展，并应探索公有制实现形式。要恢复市场竞争，改革计划经济。事实上历史把我们又引回原来本不应跳越的历史发展阶段上，我们重新走了 20 年，还需要再走下去。这是一个历史性大转折。完成这个转折使我们更接近人民，而不是疏远了他们，更接近社会主义目标，而不是更远离这个目标。根据邓小平理论制订的政策决策，是符合历史发展规律的正确选择。

改革之路绝不是平坦无阻的，是会有代价的。代价有两类：一类带有不可避免的性质。这是由于上述政策带有民主主义属性，它为社会主义准备生产力的同时，也为资本主义发展开通道路。它不仅带来某些市场风险，而且带来剥削，分配不公平，甚至阶级分化，拜金主义种种社会弊病；同时改革过程也将是各个群体间利益调整过程，会有一部分人暂时蒙受损失，上千万人下岗待业就是一个不能不承受的社会问题。另一类是由于体制转型，破旧与立新，缺乏衔接，因而引发某些腐败分子的权钱交换的“寻租”行为，或利用改革之机，非法剥夺群众权益，侵吞改革的果实。这类问题关系到为经济改革建立政治保障，解决的好坏，在很大程度上取决于主观因素。我国已经建立了一个强有力的无产阶级领导的政权，并发展了较雄厚的社会主义经济因素，有必要也有条件解决好这两类问题。对于前一类问题，应通过政府对宏观经济的管理与调控，为保护大众利益，保持社会公平，实施某些公众政策，如对国家经济命脉有效控制政策，合理的国民收入再分配政策，城乡间区域经济均衡政策，大力发展公共产品和文教科技业政策，改善投资环境，鼓励向非国有企业投资，扩大就业政策，建立社会保障制度，强化精神文明建设，等等。解决后一类问题，需要配合经济改革进程，适时启动政治体制改革，建立民主法治，树立群众监督和舆论监督，目标是防止、遏制这些弊端成长和发展，把所支付的代价减少到最小限度。保障人民应享有的政治权力，实现政企分开，转变政府职能，尊重基层经济组织自主决策权。凡涉及公众利益的问题，应按公开性、公正性、公平性办事，走群众路线。

总之，问题很多，困难很大，出路只有一条，那就是深化改革。我们坚决反对某些人看到现行政策产生一点负面影响，就主张退回老路。老路是死路，是走不出去的。

我国的旧时代是一个东方封建大一统帝国。封建专制制度延续了近 2 000 年。它创造了灿烂的中华文化，也积累了一些毒害人民精神的遗留物。受害最大的是占居民人口大多数的农民。

无产阶级夺取了政权，实行了土改，基本推翻了这座封建大山，解放了农民。但封建遗留物，更多保留在上层建筑里，并得到自然经济的支撑，绝非有一个土改就可解决。宗法社会残余如等级制度、终身制、家长制、一言堂、国家代替社会、包办一切，长官意志至尊至上，公权侵犯私权、权力支配经济，业已成为根深蒂固的传统习惯。更由于我国封建社会是以高度的中央集权为其特征。上层是中央皇权统治，下层是家庭，中间缺少西方式的市民社会。皇帝能直接管到家庭并处置农民地产，征收各种苛捐杂税，肆意调遣劳动力；在给农民某些小的产权流动自由的同时，却又实行重农抑商政策，割断农民对外交往，使农民孤守于自然经济的屏障之中。农民受自然条件限制，既无能力抵抗自然界风险，也无办法抵抗来自官方的压榨，不能不依附各种封建势力，如皇帝、族长、土豪劣绅、恶霸等等，形成一种中国特色的人身依附被依附关系，从而使封建统治的经济政治基础得到强化。

这种长期延续不变的环境条件又反回来造成农民浓厚的守旧心理。为改变这种封建传统的影响，在完成民主革命后，必须建立高度民主化政治体制，放手发展发育商品经济，活跃民间自由交往；在进行社会主义前途教育，反对资产阶级思想毒害的同时，还需进行思想启蒙运动，提高农民社会自觉，认识自身地位和权利义务，摆脱任何形式的人身依附意识，自求解放，自求发展，自强不息，为改善本身社会地位而奋斗。

我们在50年代引进前苏联的集体农庄，它是一个封闭性组织，农民除了几亩自留地之外，其他一切统统由集体领导自上而下地安排，从生产到消费都纳入国家计划。而且所有公民都是社员，进不自愿，退无自由。又加上为保证计划经济而实行的统购统销政策，和限制人口迁移的户籍制度，这就导致农民的自由交往和自愿选择受到限制，因而也就不自觉地把旧的依附性也保留下来。

马克思、恩格斯反复讲过：社会主义所有制建立，必须“以生产力的普遍发展和与此有关的世界交往的普遍发展为前提。”还说过，社会主义是自由人的联合体。又讲过，工人阶级必须肩负起继续完成民主革命某些遗留任务的使命。

因此，我国的改革，说到底，就是要改除那些不利于生产力发展，不利于最大限度发挥人的积极性，不利于促进人民自由交往的制度，继续完成民主革命的某些遗留任务，建设有中国特色的社会主义。

二、重新发展家庭农业

农村改革历史也就是发展家庭农业的历史。1953年起对农业实行社会主义改造，短短几年功夫，就全面建立起集体所有制农业经济组织，由于分配制度不断向平均主义倾斜，缺乏激励机制，产品数量尚不足自给，剩余无多。国家为发展工业化，不能不向农民提取积累，这就使农村经济陷于极端困难。就在此时，《人民公社六十条》给农民留了一个自由空间，即自留地制度。这是土地公有，家庭经营模式。一家人在一小块土地上有了点自主权，就能创造出生产奇迹。有的干部、群众从中受启发，联想到中国社会流传久远的制度：“承包经营”。人们想到：假如把公有土地包给家庭经营，国家和社员一定是双方得益。因此有了包工、包产直到包干。包产到户从1957年就有，四起四落，1961年有20%生产队搞了，1979年就更多了。但包产到户一直被认为是单干，单干是搞资本主义，遭到毛主席坚决反对，并成为全党的共识。十一届三中全会反对“两个凡是”，但对禁止“包产到户”这个“凡是”还不可反。但历史潮流最终是朝向社会生产发展所要求的方向进步的。尽管有这样那样的曲折。在十一届三中全会引起全局性大变化的推动下，包产到户终于在80年代得到中央认可，把这个“凡是”也反掉了。这使我们重新发现了家庭农业的意义和作用，这就是：

1. **它适合农业特性。**农业是个生物、自然生产，它受气候控制。务农首先要不误农时。春夏耕耘决定秋后收获，劳动与收获被季节隔离。此其一。其二，农作物长在土地上，土地不可移动，要人就土地，土地不能就人。这两条特性，要求农民自觉自愿不误农时进行精耕细作。因此农民与土地关系如何，可以决定生产好坏。由家庭拥有所有权或长期的使用权，可使农民产生对土地亲近感，有了这个亲切感，就能激发农民主动性和创造精神。这与工厂生产环境不一样，工厂可在一定空间时间内把生产资料、劳动对象、劳动者集合在一起，搞流水作业，只要有科学管理与物质激励、加上可行的技术监督办法，就可搞好生产。

2. **家庭经营规模可大可小。**历史上我国家庭经营大多是小农经济。马列主义认为小农经济缺乏生命力，一定会被资本主义和社会主义农业所取代。经两个世纪的变化过程，发现小农经济会消灭，而家庭经营会保留。家庭农业可变成大农经济。这种变化是随着社会分工细化，出现第一次二次三次产业的分工，专业化服务业的不断发展，和工业化城市化比重不断扩大，随之而来的人口迁移，农村人口减少，土地相对集中；加上市场上可移动机器——拖拉机等的供给，与雇工相比，成本较低，可以机械代替劳力。这些变化，利于家庭农场不需雇工就能扩大耕地经营规模。

3. **家庭经营拥有自主权。**农民作为市场经济主体，能自主决策，平等交换，自由来往，经风险，见世面，从而激发自身上进心和竞争性，努力学习经营，学习技术，为创造生产收益最大化而奋斗。如果农民个人这种发展权利得到法律保障，就能大大丰富农产品供给，使社会有更多剩余，来供养其他经济文化部门的人口消费，促进整个社会的全面发展和国民财富的增长。个人利益和社会利益达到切当的结合。

4. **在市场经济条件下，可靠土地市场激活土地流动性，实现土地资源配置合理化**。农民为适应生产社会化趋势，将自愿自由联合，组织合作社、股份公司等利益共同体，逐步实现规模经营和产权的社会化。还将搞社区自治，建立职业社团，提高自己谈判地位，积极参与公共事务，锻炼成为新社会中的积极公民，构建农村公民社会。这一切，对于创造社会主义物质文明和精神文明，乃是不可缺少的发展步骤。

5. **家庭经营有利于农业的可持续发展**。家庭规模小，但选择机会多。它分布于各种不同自然条件的村落，便于利用本地生长的生物资源，为今后发展生物工程保存多样生物种质基因。我们看到，受市场竞争驱动，某些国家片面强调办特大型农场，往往形成产品单一化，破坏了原来生物的多样性。我国家庭农场，保持着精耕细作传统，在生物技术革命来临之际，会以知识密集生产代替土地、资本密集生产，成为生物技术传播和使用者。近代科学技术几次革命，都不发生在亚洲。亚洲生物资源极为丰富，可望在21世纪把新的生物技术，用于改造农业，出现农业产业革命并大放光彩。近几年已有国外60多家公司，进入中国开发种子市场，这已经是一个前兆。家庭经营，得社会知识产业服务部门支持，可早一步实现无公害绿色农业，早一步走近知识经济。

中央做出稳定现行农村政策，使土地家庭经营权长期化、法律化的决策，是合乎实际的，得到农民拥护的。政府各部门应依照中央的决策，为家庭农业创造一个适宜环境，搞好交通、通讯、水利基础建设。制订具有激励和保护作用的各项制度安排，加快农业现代化进程。

三、深化改革，前提是解放思想，不搞本本主义

马克思主义，提供给人类的思想精品，是方法而不是教条。马恩在世时没有看到现代家庭农场成长的新条件，如新的服务业的形成、新型农业机械，可供家庭利用。因此认为只有资本主义大农场才有发展前景，小农经济一定会被资本主义车轮碾碎。他们提倡组织合作社，但总是一再强调坚持绝对自愿原则。他们说，为了保存他们的房子、土地，为了避免被消灭的命运，我们建议用合作占有制，代替个人占有制。如农民不同意，就让他在自己小块土地上考虑考虑，不能以任何借口强迫他们接受不愿接受的东西。可以看出尊重农民自愿选择是马克思主义合作理论的一个大原则。家庭承包制是中国农民今天做出的自愿选择，我们支持这种选择，是符合马克思主义原则立场。

当前农村待解决问题很多，许多是我们没有接触过，也没有先例可循的新问题。为鼓励人们交流信息，知识创新，需要有一个民主环境，十一届三中全会以来，民主空气逐渐萌发，但需要进一步开放，使之法制化。

本本主义不可搞，本本还是要的。经济学者，既要专，又要博。我建议每位同志，都学点历史知识。历史发展轨迹，是一面镜子，使我们了解到凡合乎客观需要的事物，最终都会变为现实，但要经历曲折过程。真理是代表多数人民的要求，但较多的时候和场合，发现与坚持真理的，却属于少数。有位经济学家检阅经济学发展史，发现某些先进而正确的理论和观点，从少数人的手中走向大众，成为时代潮流，大约有 50 年时差。看来保护少数十分重要。一个社会缺乏保护少数的制度，表明它还是一个不成熟的社会。现在还有人不同意搞家庭经营，可以和他们展开讨论，断不可压制他们发表见解。随着历史发展，事理也会变

化。我们说，家庭经营要长期稳定，但不能说它永远不起变化。任何一种经济制度都会发生变化的。将来人类智能高度发展，科学知识作为生产要素，其功用会超过土地和体力劳动，那时家庭农业会有什么变化，还说不具体，但起变化却是一定的、必然的。问题只是在什么条件，什么时间，什么地点发生变化和怎样变化。解决这个问题，我相信下一代人比我们会更聪明更适宜。

1998 年 12 月 4 日于北京

割舍不断的“三农”情
——记张根生同志

◎ 姬业成

2005年元月初，中央一号文件刚发到中共广东省委，张根生同志就让秘书到省委机要室去要这个文件。因为他早就听说，今年中央一号文件还是关于“三农”问题。管文件的同志一边找文件一边说：张书记怎么这样关心农村问题？

秘书说：他一年365天中，天天想的、说的、写的差不多全是“三农”问题。农民的事装满了他的头脑，别看已经82岁了，光是2004年里，他就去全国9个省市调查过“三农”问题。

根生同志为什么这么急切地想看到中央一号文件，因为在文件制订过程中，他不仅向中央写过书面建议，还参加了中央领导同志召开的座谈会，他在会上讲了许多意见。现在文件发出来了，他想看看中央今年有什么新的惠农措施，也想知道他提的建议被采纳了多少，并考虑下一步再提些什么建议。

根生同志是农业战线一位老领导。改革开放以前长期在广东省担任地、省委领导职务。1979 年后，先后担任过国家计委副主任、农林部常务副部长，吉林省省长、省委书记、国务院农村发展研究中心常务副主任、全国人大财经委副主任。1993 年离休后定居广州。

从职务上说虽然离休了，但他的心思仍然留在"三农"问题上，用他的话说：一辈子没有离开过农业，改革开放以来，农村虽然发生了很大变化，农民的生活提高了不少，但中国农业现代化和农民奔小康的路还很长，农民的许多事总还是让人放心不下。

粮食问题是根生同志最关心的问题之一。长期农村工作使他深刻认识到粮食问题关系国计民生，是重要战略物资，牵动"三农"全局，有粮则稳，无粮则乱。特别是 1993 年以后全国粮食供求和经营工作中出现的波折，更使他忧心忡忡。为向中央提出粮食问题的建议，他不仅多次到江、浙、粤等粮食主销区调查，还深入到东北、河南等粮食主产区调查，每到一地，他不仅找粮食部门的同志座谈，还找农业部门的同志座谈，走市场，下农田，看仓库。既与农民一起算种粮收入账，又与粮食部门算经营盈亏账。并多次将调查结果和他的建议报送国务院领导同志。要求改革粮食流通体制。在有关会议上，他也多次发言，阐述自己的观点。

1998 年 8 月中央某家大报发表了一篇关于粮食问题的调查报告，根生同志看后认为提法不妥，当即提笔给该报总编辑写了一封4 000 多字的长信。在这封信里他直抒已见，认为我国粮食市场发育不够，特别是批发市场还没有形成规模，而粮食部门对市场改革持消极态度，还留恋统购统销时期的垄断经营。并尖锐指出粮食部门经营亏损的原因在于：不按市场规律办事，继续吃国家大锅饭，收购粮食资金由国家指定使用银行贷款，人员膨胀，管理不善，坐吃国家补贴，少数人还利用粮食资金搞其他投机买卖，盖楼堂馆所，贪污挪用。必须加大改革力度，除弊兴利。

为了深入研究粮食购销问题，1999 年 3 月和 8 月，他两次到我国商品粮主要产区之一的吉林省调查。在农民家里，他盘腿往炕上一坐，就和农民拉开了家常，扳着指头与农民算种粮收支账，一谈就是半天，有时中午就在农民家吃饭，遇到贫困户，啃两个玉米穗就算一顿饭。农民说："张省长真像当年的老八路一样。"正因为他与农民贴得紧，农民也肯把心里话说给他。

越是深入调查，他越感到粮食问题的迫切，常常是白天调查，晚上写材料。1999 年 10 月，他再次给某总编辑写信，对该报关于粮食问题宣传中的不当之处提出意见。

粮食流通体制的不顺，成了根生同志的一块心病。他决心要同各方面一起解开这个死扣。

有人对他说，你已退下来了，没有权了，管那么多事干啥，说得轻了引不起重视，说得多了会惹人烦。

根生同志则认为，虽然职务退了，但党员的义务不能退，还要对人民负责，为农民呼吁。没有权了，就靠调查研究，提建议，用事实说话，为领导决策提供参考。还要通过会议，通过报刊造舆论。

有一段时间粮食问题被人称为高压线，意思是碰不得。但根生同志却一如既往，继续调查，继续反映。他说，粮食是个大问题，一头连着城市，一头连着农村，粮食价格不稳定，流通体制不顺，还连着国际市场，甚至影响中国的国际形象。美国布朗先生提出“谁来养活中国”的问题后，根生同志立即发表意见，用事实说明中国人可以养活自己。但必须把农民种粮的积极性调动起来，保护好基本农田，实行可持续发展战略，把科学技术搞上去。

他的这种锲而不舍的精神带动了一批人，大家都来研究粮食问题，提改革建议。

从 1993 年到 2002 年的 10 年内，光是围绕粮食问题，根生同志就写了 16 篇调查报告和理论文章，共计 7 万多字。其中有不少曾受到党中央，国务院领导同志和有关部门的重视，推动了粮食流通体制改革。

在包括根生同志在内的各个方面的共同参与下，粮食流通体制最终有了重大突破，粮食生产形势也开始好转。根生同志也感到宽慰了许多。

从 2004 年开始，根生同志又把关注“三农”问题的重点转到土地问题上来。根生同志认为土地是粮食生产之本，农民生存之本，一定得保护好。近年建设占地太多，而且给失地农民的补偿太少，是新时期侵犯农民利益的一个重点，应该呼吁各方，节约土地，善待农民。

为了弄清土地问题的真相，他还像研究粮食问题一样，到处调查研究，光是 2004 年一年里他就跑了 9 个省市，每到一处，都找实际工作者和专家座谈、讨论。在四川，他还走到全国第一个摘下人民公社牌子的广汉县，了解家庭联产责任制以来土地经营变化情况。

在他居住的广东省，他几乎到了所有地市，深为广东土地锐减所忧虑。他发现广东珠江三角洲地区（原为 20 个县，现改为 9 个市）原有耕地 1 500 万亩，现在只剩下 800 万亩了。为此，他曾上书广东省委和国务院，建议建设要节约用地。

2005 年 1 月，他将长期研究的结果加以提炼，写成《关于改革土地经营制度》的建议，上报中央领导同志。在这份建议里，他首先摆出了各地滥占耕地的严重情况：近10年里，全国建设占地4 736万亩，平均每年占地近500万亩，相当于7个县的土地面积。

为了有效控制滥占土地，他建议改革土地经营制度，打破土地管理部门对土地的垄断，发展土地中介机构，真正实行市场化原则，让被占土地的农民坐到谈判桌上，有权讨价还价，修改原来的补偿办法，提高地价，让失地农民得大头，改变政府以地谋财的做法，允许失地农民以土地换户口、换就业、换社保。

他还提出了农民宅基地，边远山区独居户承包的土地可以划归农民私有的建议。认为应该逐步让农民变为有产者，以提高农民在市场交换中的地位，培育农民的恒产恒心。

这些带有首创性的倡议，反映了根生同志的创新思维和勇气。

2002年10月在南京举办的一次关于农民工问题的学术研讨会上，根生同志还率先提出了农民工应该是工人阶级的一部分的观点。他认为农民工的相当一部分已经是常年参加二、三产业劳动，以工资收入为主要生活来源。他还以广东为例，说明广东全省经济总产值中至少有1/4是来自全国各地的农民工创造，没有农民工的贡献，就没有广东的繁荣和富裕。全社会都应该承认农民工的贡献，确认农民工的地位，维护农民工的权益。把农民工排除在工人阶级外，忽视农民工的权益，让农民工的身份长期处于一种不确定状态，打入另册，不仅是不公平的，而且会严重影响中国工业化、城市化、现代化的步伐。

有人说，是根生同志第一个提出给农民工以工人身份的。我没有查阅资料，不知道在他提出之前是否已经有人提出，但至少可以说，他是最早提出这个问题的人之一。

1994年根生同志的一条腿摔伤了，从此就拄起了拐杖，加上他还患有糖尿病、腰椎间盘突出，骨质增生等疾病，行走已不很方便，每天都要打针吃药。但这丝毫没有影响他为"三农"呼吁的热情，照样到处调查，照样天天工作到深夜。这几年来，他主持编写了好几本书，除了他自己的文集《中国农村改革六十年回顾》一套四本外，还有《中国农村改革决策纪实》、《农村小康读本》等，其中《中国农村改革决策纪实》一书荣获了中国农村改革发展一等奖。当他和一批年轻人一起站在领奖台上时，人们向他投去了惊异的目光。

作为党的一名高级领导干部，根生同志的农民情结是根深蒂固的。他1923年出生于河北省安平县一个农村知识分子家庭。村子坐落在滹沱河边。他家世代以农为主，兼做副业。1937年，日本进攻中国，打破了农村的平静，当时他已14岁。卢沟桥战争的炮声唤起了他的民族觉醒。冀中平原早就有中国共产党的活动，根生同志的一些亲属就是共产党或党的外围组织的成员，所以他很早就接受了革命思想的影响，15岁那年就投笔从戎，到军政干部学校学习，并很快当了连指导员、村青救会主任。革命年代，催人早熟，1938年9月，他刚进入16岁就加入了共产党，之后相继担任过区、县青救会主任，武工队政委。1945年，在他刚满22岁时就担任了县委书记，挑起了领导全县人民进行革命斗争的重担。在滹沱河畔坚持8年抗日战争。日寇投降后，又在本县和永清县领导土地改革工作，1949年随军南下开辟新解放区。

根生同志与农民有深厚的感情和血肉联系。在抗日斗争最艰苦的年代，他曾多次被敌人追赶，都是农民掩护他脱险的，而掩护他的农民却惨遭敌人杀害。每当想起这些往事，他都深有感触地说：中国革命的成功是几千万农民用生命和鲜血换来的。2004年，在由他召集的一次座谈会上，一位老省委书记说：我们党什么时候都不能忘了农民，忘了农民就是背叛，战争年代农民用几千万人头换来了人民江山：困难时期，由于我们的错误，使农村饿死了几千万人，但农民还是把口粮卖给国家，维持了城市的基本供应；建设时期，农民又贡献出土地和廉价的劳动力，才使城市发展繁荣起来。可是有些人却忘记了农民，屡屡侵犯农民的利益，这是很危险的！根生同志带头为这位老同志发言叫好。

1984 年根生同志曾专程回到他出生和战斗过的原籍去看望当年保护过他的房东，站在烈士墓前，他潸然泪下，老泪纵横。

有人说解决“三农”问题，决不能感情用事，这话不无道理，但对农民的感情则是必须要有的，这是根生同志常说的一句话。“三农”问题在根生同志心中始终是一个难以割舍的情愫。他认为，中国是一个农业大国，占人口一半以上的农民的小康问题不解决就不算小康；农民的民主权利没有保障，就不是真正的民主社会。“三农”问题不光是曾经在农村工作和正在做农村工作的人应该考虑的，而且也是全党和各行各业都应该考虑并为之尽心尽力的。

附：现行土地经营体制调查与建言

张根生

土地是大自然给予人们的最珍贵、最稀缺和不可再生的重要资源。在人多地少的中国，尤其显得金贵。广大农民以土地尤其是耕地为衣食之源、生产之基和生存之本。正因为如此，土地问题的重要性历来为当政者所重视。

但是，现在有很多地方政府为了追求政绩，大量侵占农民的土地来招商引资或搞政绩工程，不仅浪费了民族子孙永续发展的资源，还埋下了社会动乱的根源。为此我组织了几位长期从事农村工作的同志，对我国现行的土地经营体制进行了调查研究，提出了一些深化改革土地经营体制的建议。

中国人均耕地十分有限。2003 年前，短短 7 年间竟减少了 1 亿亩多。太可怕了！

中国有 960 万平方公里的土地，但人均可耕地是十分有限的。1996 年，全国开展土地普查，实测耕地为 19.5 亿亩，到 2003 年，下降为 18.5 亿亩，短短 7 年间，随着工业化、城镇化速度的加快，减少了 1 亿亩耕地，年均锐减 1 400 多万亩。速度十分惊人。已超过了 1999 年国家土地总体规划中规定的到 2010 年全国耕地面积总量应保持 19.2 亿亩的底线。据中国社科院调查显示，非农建设用地集中在本来比较富庶的城郊和经济发达地区的灌溉高产田。每占一亩耕地就使 1.4 个农民失地，一些本已小康的农民转化为市民后，由于就业困难，往往又变为城市贫民和无地农民，常引发出尖锐的社会矛盾。

党中央、国务院近几年来高度重视土地问题，采取多种措施大力整顿目前国内肆意乱圈、乱占农村土地的错误行为。关闭了70%的各种开发区，清退复耕土地2 000万亩，取得了重大成绩。

在近10年里，国内在“经营城市”的错误思想引导下，各省市区都出现了不同程度的大量占用农村耕地用于开发房地产和建设开发区等项目的情况，据中国社科院调查统计，近几年全国就占用了农村土地4 736万亩。这种情况在经济比较发达的广东省和江苏省则更为严重。以广东省为例，这里改革开放最早，经济发展很快，耕地的变化也很大。1980年有耕地4 126万亩，到1995年降为3 475万亩，到2004年又降为3 200万亩，一共减少了926万亩，其中2003年一年就剧减了334万亩；如果以1996年的土地普查数为基准，耕地可能减少达1 500万亩。全省粮食生产已低于1978年，比1990年最高产量下降30%左右。广东省在中央正确路线和改革开放方针指导下，为全国国民经济发展做出了重大贡献，这是有目共睹的。但广东在占用耕地上却付出了沉重的代价。减少的耕地绝大部分是高产的水田，从而使粮食生产能力大幅度下降了。

沿海发达的江苏省原是农业强省，情况类似广东。80年代，该省有耕地8 800万亩，现在只剩下6 600余万亩。粮食产量从80年代670亿斤下降到2003年的不足500亿斤，棉花产量从1 380万担下降到750万担。代价也是巨大的。

国民经济在迅猛发展，占用耕地在所难免，但占地太多，太浪费，又监管不力，这种趋势如不制止，就难以为继。我国是13亿人口的大国，年均需粮1万亿斤左右。90年代连续4年曾达到过这一水平，但2003年降为8 610亿斤，这个底线敲响了警钟。我们要建设全面小康社会，必须保证全国人均有一亩常用基本农田（目前全国已有8个省低于这一水平，有666个县已低于人均0.8亩)。到2020年，按年均增加1 000万人口计，总人口将达到或超过14.5亿，而目前常用基本农田已只有15.78亿亩，接近临界线。虽然还有2亿多亩易旱易涝的低产田，但多在西南、西北偏僻地区，增产很难。在保障环境不受影响的前提下，可以垦复和开垦一定数量的农田，以提高粮食生产综合能力，已成为当务之急。中央的要求是确保基本农田总量不减少，质量不下降，用途不改变，并落实到地块和农户。这是十分艰巨的任务。在今后20年大发展机遇期中，我国经济要再翻两番，当然还要再占用一些耕地，这是必然的。但我们必须坚决贯彻执行《国务院关于深化改革严格土地管理的决定》。一定要加强耕地的严格管理，同时要对土地经营体制进行深化改革，才能缓解人地矛盾，达到既保障粮食生产基本自给，又使城乡建设、工农业生产协调发展，实现建设全面小康社会的目标。

造成现在中国土地问题如此严重的主要原因是，土地经营体制不合理。管理混乱，农民的土地经营权遭到严重损害。

我国大规模建设占地始于广东珠海、深圳特区。当时为了建立特区，由政府出面、出资，将开发区内农民承包的土地收购。当时由于尚未开展房地产业，土地市场还没有形成，地价很低。政府同时将失去土地的农民转为城市户口，并安排就业，农民基本同意。全国后来搞的很多特区、开发区，大体上也都是采用这个办法。但这个办法的实质是计划经济手段，由政府包下来。

随着建设规模的扩大和市场经济体制的逐渐形成，再靠转户口、安排就业等计划经济手段越来越困难了。因为城市经济发展占地规模越来越大，不仅公用设施要占地，房地产业和其他工商业也要大量占地，土地迅速升值，占地同农民利益的冲突越来越尖锐。

在这种情况下，各级政府相继设立了土地管理部门，加强土地管理。土地管理部门的职能本是负责执行和监督、监察国家土地政策，但后来却逐渐演变为直接经营土地。不仅国家建设用地由政府出面征收，商业用地也由政府先征收再转卖。从圈地、定价到交易，都交国土管理部门一家经手完成，成为了名副其实的政企不分，垄断经营，也就是人民群众称之为的“官倒”。各级政府通过本级土地管理部门，将农民的土地低价拿来，转手经营，高价出售，牟取暴利，严重损害了农民利益，恶化了党与农民的关系。

农民对土地的承包经营权是应该受到法律保护的。我国的《宪法》、《土地管理法》、《农村土地承包法》对此都有明确规定。但现在说征就征，不仅公益性建设用地由国土部门出面征用，企业的商业用地也由政府国土部门出面征收。而且，完全是强制性的。在征用土地的全过程中，农民没有参与权、要价权、谈判权，全由政府单方面说了算。甚至动用专政工具强征强占，失地农民的权利遭到践踏，意见很大。失地农民对征地的满意率江苏调查为5.7%，四川成都武侯区为7.5%，很多人还是被迫接受的。广东省政府2003年和2004年接待的为土地问题群体上访1 959批、19 917人次，平均每天2.7批计27人。中国社会科学院农村发展研究所课题组提供的一份材料表明：中央电视台焦点访谈专栏组2004年上半年收到观众反映土地问题的声讯15 312次，占声讯总量的24.5%。课题组接触到的172封农民告状信中，涉及土地问题的占63.4%，130起农村群体突发事件中有87起由土地问题引发，并酿成了“警农”冲突，造成数百农民受伤、3人死亡、160多人被拘留。从中央台群众来信中随机抽取的837封农民告状信中，有277封是状告非法占地的，占1/3。状告对象68.2%为乡、县、市政府和土地部门。这说明土地问题已成农民维权抗争的焦点，地方各级政府及其领导的土地部门已成侵犯农民利益和农民争夺土地的主体。因此，一些地方集体上访农民直接要求罢免市委书记、市长的人民代表的资格（如河北唐山市、秦皇岛市、福建福州市、宁德市）。全国各地上访案件中，土地问题也一直占很大比例。农民对乱占土地的不满已成为引发社会矛盾或群体事件的爆发点。

征用土地定价低、补偿少。补偿金分配极不合理。造成失地农民生活水平下降，甚至十分贫困。

确定补偿按3年产出平均值加上一定倍数的做法是不合理的，还应该考虑土地的类别、级别、区位、稀缺程度、供求关系、预期价值、潜在收益等多种因素。按现在的补贴标准，失地农民生活水平都会下降，且没有再创业能力，未来生计会更难。国家统计局对16个省（区、市）调查证明：46%的失地农民生活水平下降。连经济比较发达的江苏省，也有33%的失地农民生活水平下降。中国社会科学院课题组调查，失地农民中60%生活困难，只有10%稍有改善。

实践证明现行补偿标准不足以补偿失地农民的损失，更不能保证失地农民有可持续生计。

由于失地农民在土地被征用过程中一直处于无权地位，连标准很低的补偿金也很难拿到。据多部门多渠道调查，土地补偿金分配结果一般是各级政府拿走50%～60%，村组拿走30%～45%，农民只得到5%～10%。江苏昆山、海门等地调查，农民得到的被征土地补偿费每亩只有5 000～10 000元。

垄断的土地经营体制和高利润的诱惑使各级政府越来越倾心于打土地的主意。全国查出的大贪官也几乎都有插手经营土地的问题。

滥占土地之风之所以屡禁不止，与现行经营体制有直接关系。全国查出了那么多没有经过批准的开发区、大学城、高尔夫球场，没有一个不是经过当地政府和政府土地管理部门批准或默许的。去年全国清理开发区虽有成效，但切不可估计过高。一是当时有些地方就是采取应付对策（如将几个开发区合并为一个，改为东区西区），二是过后又私自重搞。决定核减的1.7万平方公里土地，只复耕1 100平方公里，仅占十五分之一。

在上一轮圈地风尚未完全刹住，新一轮圈地风又开始了。新一轮圈地风主要来自两个方面：一是房地产开发商拼命储备土地。经过去年宏观调控，房地产开发商倍感土地重要，加之房地产开发平均利润高达50%～60%的诱惑，境外资本和国内其他产业资本纷纷进入房地产业。他们一进来第一步就是抢占土地。《广州日报》2005年1月14日报道，广州市周围已有3万多亩土地被多家开发商圈占；二是建新城占地，有些乡镇、县和大中城市纷纷撇开老城建新城，还将建新城作为发展城市化的一条经验推广。

这里举几个利用土地谋得暴利的例子，这在全国是有代表性的，但例子中谋得的利益并不是最高的。

1. 南方某市市政府国土部门征用农民土地每平方米10～30元，卖给开发商每平方米150～300元。

2. 中部大省某市征用农民承包地每亩3万元，而农民实得不过1万元；市政府国土局卖给房地产商每亩10～30万元。

3. 某城市2000年征地13平方公里，每亩给农民补偿3万元，卖出挂牌价每亩135万元，当地政府通过卖地已赚65亿元，正建四套班子的办公大楼。

改革现行土地经营体制和经营方法弊端的建议：

实行市场化经营应是根本取向。土地作为最重要的生产要素，在市场化中占有重要位置，中国加入WTO已经3年，应逐步全面开放土地市场。

1. 照《土地管理法》第63条规定，“农民集体所有的土地的使用权不得出让转让或者出租用于非农业建设。”并没有规定地方政府和国土部门可以作土地买卖经营，而现在实行的这种土地管理体制不仅对于严格管理土地的目标背道而驰，实际上是鼓励他们占用农地，政府土地管理部门现在自买自卖土地的做法是违法的。因此，国家各级政府土地管理部门都应退出土地经营市场，认真执行土地政策并对各方面涉及土地问题的行为进行检察监督，一律不准参与土地买卖。

2. 建立土地拍卖公司等中介机构，土地供求双方通过中介机构沟通、协商。允许集体所有权的土地进入一级市场。

3. 所有土地均通过土地市场挂牌、招标、投标，杜绝暗箱操作。

4. 公益性用地和工业、交通、城建等其他用地同质同价。不能因为是公益性用地而让农民承担损失。

至于购置公益性用地的资金来源是主办单位的事。无非是没有资金就少建或暂时不建大广场、大马路、机关办公大楼和没有效益的工厂、饭店、风景名胜等政绩工程。

5. 地价必须提高，要让土地资本化，并将安置失地农民作为前置原则，还要考虑失地农民的可持续生计，地价形成要靠市场机制。

6. 占用土地必须严格按照国家土地管理法规定，办理批准手续，不允许任何部门和个人越权批地。

7. 让农民坐到谈判桌上，这是维护农民合法权益，实现公平交易的关键。参与谈判的必须是真正的被征土地的农民代表。

8. 为失地农民办理城镇户口和帮助安排就业，仍是必要条件，但不能以此降低补偿标准。允许失地农民以土地换户口、换就业、换社保。

9. 补偿金分配应该透明。补偿金分配应坚持两条原则：一是应大部分直接分给失地农民；二是各级扣留部分也应主要用于为失地农民服务的项目，如社会保障基金。要做到取之于被征土地，用之于失地农民，而不能挪作他用。

全国累计低价强制征用征收农民土地已达 5 000 万亩，使农民损失 3 万亿～4 万亿元（对失地农民的损失专家学者有多种计算，最低估算为 2 万亿元，最高估算为 7 万亿元），失去土地农民达到了 4 000 万人，其中有相当一部分已沦为困难群体。过去公社化时夺走农民土地的教训太深刻了，后果非常严重，我们应该永远记取。

给"大包干"上户口的人

——记王郁昭同志

◎ 乔植英

王郁昭同志是山东人，虽然在安徽工作 40 多年，却没有改变他那浓浓的胶东口音，但他和安徽人很近，很亲。在"文化大革命"中他受迫害被下放到生产队当社员，很快就融入当地的农民群众，成了他们的贴心人。农民亲切地称他为"咱们的大老王!"

王郁昭，1926 年出生于山东文登，1941 年参加革命。1948 年初春随军南下，曾参加过开封、豫东、淮海、渡江等著名战役。1949 年安徽芜湖解放，任该市军管会文教部军代表。从此，就一直在安徽工作了 40 年。因为长期从事文教部门的领导工作，“文化大革命”中曾受到剧烈冲击，长期挨批挨整，直到 1970 年才重新被分配到全椒县做领导工作。全椒县是当时安徽有名的老大难，听说王郁昭去，有人说，来了个文人，不懂农业，能搞好吗？此去任重而道远，王郁昭心里也不踏实，家也没有搬去。他到任后，认真落实党的农村经济政策，加强干部队伍的建设。每年秋后，以区为单位举办公社、大队、生产队干部学习班，进行小整风。一方面对一年来的生产、工作进行认真总结，肯定成绩、找差距；一方面又发动老百姓背靠背地提意见，清理财务、清仓查库。以表扬为主，对成绩显著表现好的干部进行表扬，除个别违法乱纪的干部外，对犯有一般错误和多吃多占的干部，只要作了检讨，退赔了，取得群众的谅解，一般不作处理，让他们继续工作。王郁昭在省科委工作时是分管农业科技的，想不到那段工作积累，在他当县委书记时派上用场。他大力提倡科学种田，推广优良品种，如矮秆稻，引导农民学习薄膜育种、小苗带土移栽、棉花营养钵等新技术。他还亲自下田教农民识别水稻的害虫及防治的方法。

王郁昭在全椒 5 年，使这个全省的老大难跃为全省的先进县。农民信赖他，有什么苦处难处都想找他说说。

1975 年，王郁昭由全椒调到滁县地区任革委会主任、地委副书记、书记。由于有了全椒县的 5 年工作经验，虽然担子更重了，他却心中有数。为了解决农村存在的实际问题，认真贯彻党在农村的经济政策，清理财务，落实按劳分配，尽量使社员能够多分配一点；同时鼓励支持社员种好自留地，搞好家庭副业，调动农民的积极性，得到了农民的拥护。1977 年上半年，地委组织了 300 多名干部，深入到 400 多个生产队，对全区落实经济政策的情况进行了调查，并向省委写了一份《关于落实党的农村经济政策的调查情况和今后意见》的报告。时任安徽省委第一书记万里同志看到这份报告后，立即批转给各地、市委，指出“滁县地区组织力量深入群众，对农村经济政策认真进行调查研究，这是个好的开端。这个问题很值得引起各地重视。报告所提的意见，可供各地参考。”这是万里到安徽后批转的第一个报告。同时，省委书记顾卓新要王郁昭从100多篇调查报告中选择几十篇印成书发给各地参考。此后省委负责同志又亲自到农村中调查，听取意见，在滁县地委报告的基础上，形成省委《关于当前农村经济政策的几个问题的决定》(简称省委六条)，经全省地市县委书记会议讨论修改后于11月下旬公布，在全省贯彻执行。其主要内容有：搞好农村经营管理；允许生产队根据农活情况建立不同形式的生产责任制，可以组织作业组，只需个人干的活可以责任到人；尊重生产队的自主权；减轻社队和社员负担；尊重按劳分配政策，粮食分配要兼顾国家、集体和个人三者利益；允许和鼓励社员自主经营自留地和家庭副业；干部参加劳动和开放集市贸易等。这些在当时有较大的冲击力，反响强烈，深受基层干部和农民群众的欢迎。1978年2月3日人民日报为此发表了《一份省委文件的诞生》的重要文章。

1978年安徽遭受历史上罕见的特大旱灾。9月初，王郁昭主持召开滁县地区四级干部会议，布置生产自救和秋耕秋种。会上许多公社干部提到农业长期上不去究竟是什么原因？一个公社上不去，两个公社上不去，为什么全区242个公社都上不去？难道我们都是笨蛋吗？他们强烈要求地委解放思想，放手让下面干，干上去了不求表扬，干不上去自动下台。王郁昭和地委的领导同志充分发挥民主，畅所欲言。来安和天长县的公社书记公开了他们的“秘密武器”。一是来安县烟陈公社魏郢生产队的包产到组；二是天长县新街公社的棉花包产到户；三是来安县广大公社的干部岗位责任制，年终时按各项生产指标实行奖罚的政策。这些办法在当时还属于“禁区”，只能暗中进行，所以被称为“秘密武器”。这些办法调动了群众的积极性，使他们在大旱之年别的生产队和公社普遍减产的情况下全面增产。王郁昭认为这是切实可行的好办法，非常支持。会后王郁昭到合肥向万里同志把当时农村存在的问题、抗旱救灾的情况，以及三个“秘密武器”作了详细的汇报。万里同志非常重视，要王郁昭对“秘密武器”——三个典型作详细调查并向省委写出报告。万里看过三个调查报告后，随即通知地委可以进行试点。滁县地委为此发了文件，将三个调查报告印发全区，要求各县先在一个大队或一个公社进行试点，待取得经验后再逐步推广。文件下达后，各县纷纷要求扩大试点范围，许多社队争当试点，不是试点的社队也自发地搞了起来。到 1979 年 3 月，滁县地区实行包产到组的生产队已占 68.3%。

1979 年，随着包产到组的发展，一部分生产队暗中搞了包产到户，其中凤阳县梨园公社小岗生产队首创了“大包干到户”，简称“大包干”。这是中国农民的一个伟大创造，是“凤阳之路”的核心，是中国改革开放的起点。由此吹起了中国农村改革的春风，奏响了中国改革开放华美的乐章。邓小平同志称赞说：“‘凤阳花鼓’中唱的那个凤阳县，绝大多数生产队搞了大包干，也是一年翻身，改变面貌。”

为了进一步了解小岗生产队和凤阳其他公社的情况，1979 年秋，滁县地委在凤阳召开了三级干部会，除参观了包干到组的岳林大队、后杨生产队外，王郁昭还特别组织各县委书记和地区各部委科局以上干部到小岗生产队开了个不讲话的现场会，从西到东挨家挨户看，看群众家的粮囤子、同群众交谈。地委常委同志曾在该队副队长严宏昌家交换了意见，取得了共识，表示允许他们继续试验三年。当离开小岗时，农民群众把成筐炒好的花生往他们的汽车上倒。1979 年的实践结果是，小岗生产队 18 户农民有12户超过万斤粮，油料产量超过合作化以来20年的总和，社员收入比上年增长6倍。从1957年起23年来，第一次向国家交售粮食和油料，分别超额6倍和80倍。

1980年初在省委召开的全省农村工作会议上，王郁昭作了《顺应民心，积极引导》的发言，要求给大包干报个户口，承认它也是社会主义的一种生产责任制形式。他说："劳动者的积极性高与低，是检验生产关系是否适应生产力发展的根本标志，实践证明大包干到户责任制，就是让农民穿上了'合脚鞋'，因而中国的农业才能跨大步。"万里同志在会议总结时指出："包产到户不是我们提出来的，问题是已经有了，孩子已经生下来了，他妈妈挺高兴。哎呀，可解决大问题了，你不给他报户口，行吗？那天王郁昭同志说了，孩子挺好的，给报个户口吧，承认它也是责任制的一种形式……那根本不是资本主义，包产到户不等于单干，单干不等于资本主义，没有什么可怕的。"大包干责任制终于在安徽省报上了户口。但这是地方户口，只能在安徽省通行。

小岗风是强劲的。中共中央把握时机于1980年9月27日印发了《关于进一步加强和完善农业生产责任制》的通知，接着中共中央连续5年都发一个有关农业和农村问题的文件（即中央一号文件），正式给双包到户上了户口，明确它是社会主义性质的一种生产责任制，因而它迅速在全国普及开来，到1983年全国"大包干"的生产队达到了95%以上，成为中国农村生产责任制的主要形式。1991年党的十三届八中全会，通过了《中共中央进一步加强农业和农村工作的决定》，高度评价了家庭联产承包制，强调"作为我国农村集体组织一项基本制度长期稳定下来，并不断充实完善。"1993年3月全国人大通过决议，把家庭联产承包制正式载入宪法。正如邓小平所说的："农村搞家庭联产承包，这个发明权是农民的。农村改革中的好多东西，都是基层创造出来，我们把它拿来加工提高作为全国的指导。实践是检验真理的惟一标准。”

1982 年王郁昭调到安徽省委工作，任省委常委、省委副书记、安徽省省长。他仍然深入实际调查研究，时刻关注农村的经济发展。在他许多有关这方面的文章和讲话中，蕴含许多远见卓识。安徽省是一个传统农区，乡镇企业发展相对落后，1982 年全省乡镇企业的产值只有 19 亿左右。因此在进一步稳定完善家庭联产承包制的基础上，他把农村第二步改革的重点集中在乡镇企业的发展上。他深入实际调查研究，探索符合安徽实际的发展路子。他根据阜阳、巢湖等地区的经验，较早地提出了户办、联户办、村办、乡（镇）办的四轮驱动的方针，强调抓“三专”（专业户、专业村、专业经济小区），“两厂”（家庭工厂、联户工厂），发展区域经济，把发展乡镇企业植根于农民群众的家庭经营之中，把千家万户作为发展乡镇企业的动力源泉。

发展乡镇企业和商品生产一刻也离不开流通。户办、联户企业能连片发展，主要靠流通、靠市场把它们连结起来。因此，安徽特别重视农村农贸市场和专业市场的发展。到 1985 年全省农村已有专业市场 580 多个，围绕专业市场从事饲养加工的农民 84 万多人，从事市场购销人员 74 万多人，已成为农村商品经济中一个不可忽视的力量。

与此同时，安徽省曾多次开会研究小城镇建设问题。王郁昭指出“小城镇是个历史的存在。仅安徽就有 3 300 个小城镇，它们短则有几十年上百年的历史，长则为千年古镇，星罗棋布地散落在广大农村，历来是商业、手工业和文化、人才的荟萃之地，只因为长期在封建统治束缚下，解放后又一度受‘左’的错误的摧残，其功能无法发挥，现在也存在一个小城镇的能量释放问题。只要把为数众多，经久积累的小城镇的能量释放出来，使之成为就地消化农村剩余劳动力，发展工商业的前进基地，潜力巨大。小城镇是能够在农村工业化和人口城镇化的进程中担当重任的。"

1987 年秋，王郁昭调到北京，先后任中共中央农村政策研究室副主任、国务院发展研究中心副主任，全国政协常委、政协经济委员会常务副主任。新的工作任务让他以更广阔的视野关注农村改革和发展。由于我国长期实行城乡分割政策，农村积累大量剩余劳动力。过去生产队以"大呼隆"的生产方式搞"穷过渡"，剩余劳动力的问题没有突显出来。实行"大包干"后，农民的生产积极性不断提高，地里的那点活就不够干了。虽然改革以来乡镇企业吸纳劳动力 1.3 亿多人，但剩余劳动力仍有 1.3 亿左右。进入 80 年代末，农村劳动力外出打工，形成声势浩大的"民工潮"。这种现象引发了一些社会问题，引起社会广泛关注，众说纷纭，反对者居多，有的说它是"盲流"或"氓流"，是"社会不安全的根源"，甚至说要用"铁扫帚"把农民工扫出城门。在这关键时刻，王郁昭和中央农研室的一部分青年同志以极大的热情倾注到这涌动的春潮中推波助澜。他们明确指出，农民工是社会主义现代化建设的宝贵资源而不是包袱。为此，他发起并经民政部注册批准成立了全国第一个"中国农村劳动力资源开发研究会"，并被选为第一任会长，团结了一批理论研究者为农村剩余劳动力就业而呼喊，并经协商同劳动部、农业部、国务院发展研究中心（两部一中心）共同开发农村富余劳动力非农转移的试点，推动民工潮、创业潮的发展。他历史地客观地分析了农民流动的原因。他说，从历史上看，除战争和灾荒农民被迫流动外，中国农村很少发生大规模的人口流动。建国以来，我国实行的是优先发展重工业的战略方针，不可能照顾到农村劳动力的需求。采用行政手段，实行严格的城乡隔离政策，把农民限制在狭窄的耕地上，又执行极"左"政策，限制多种经营和乡村工业的发展，生产结构单一，从事低效劳动，生活长期处于贫困的境地。人口不断增长，耕地逐年减少，农村失业和隐形失业情况越来越严重。处于“一个月过年，三个月种田，八个月休闲”的状态。农民为了求生存、求发展，自发地流向发达地区寻找就业机会。随着流动人数的不断增加，形成一股势不可挡的洪流。于是有人说“民工潮”是一个“火药筒”，是社会的不安定因素。对此，王郁昭的看法是，农民充分就业是农村长期稳定的基础。如果因袭旧制，继续限制农民流动转移，就是继续往“火药筒”里充填炸药，总有一天会爆炸的。让农民跨地域流动和转移，不断增加农民就业机会，就等于把“火药筒”的能量逐步释放出来，转化为现代建设的动力。他也不同意把“民工潮”看成“盲流”、“无序”的说法。这是因为农民流动不是由政府安排的，而是农民自己找工作，企业自己招工，有些人感到不可捉摸，存在种种担心和疑虑，怕一发而不可收拾。实际上“民工潮”是既受市场机制的激励也受市场体制的制约，劳动力市场的形成也有一个发育成熟的过程。当然也不可否认“民工潮”不可避免地引发一些社会问题和负面效应，如加剧交通紧张、给社会治安带来新问题、增加计划生育管理的难度等等。解决这些问题，首先应该尊重农民的就业权利，满腔热情地支持它，那种一味地指责、埋怨农民，或采取不承认的态度都是要不得的，也是无济于事的，应当采取积极的态度，多做工作，搞好服务。实现农村剩余劳动力转移，是一项非常复杂艰巨的任务，是一个长期的历史过程。随着“民工潮”的发展，势必涌现“创业潮”。在外地打工的农民，有一大批人经过磨炼学习了本领，增长了见识，陆续回乡创办企业或异地创业，并带动了一批劳动力就业。特别是在中西部不发达地区是发展非农产业、开发农业、小城镇建设的主力军。为了表彰其中的优秀人物，弘扬创业精神，引导更多的人创业成才，中国农村劳动力资源开发研究会从 1993 年开始，每两年举办一次“创业之星”的表彰活动。应当说当前许多有利于农民工的政策、措施出台，中国农村劳动力资源开发研究会，是做出了一定贡献的。最近，王郁昭发表了《农民充分就业与全面建设小康社会》、《农民打工创业的两个飞跃》等论文，有多家报纸和杂志予以转载。展望未来，他高兴地说：“农村大量剩余劳动力向非农产业转移完成之时，也就是我国四个现代化成功之日。”

上世纪 90 年代后期，经有关领导研究要王郁昭参与中国扶贫基金会的领导工作，任常务副会长（法人代表）、会长，从此他走上了社会公益团体的工作岗位。其实，他的扶贫工作早在任滁县地委书记时就开始了。1978 年滁县地区遭到了百年不遇的大旱。又是农村改革开始发动时期，农村存在很多困难户和特困户。当时滁县地委提出了扶贫要扶志扶本。所谓扶志，就是通过深入细致的思想工作，调动起贫困户的主观能动性和积极进取精神，树立发愤图强、勤劳致富的信心和志气。所谓扶本，就是要帮助其发展生产，搞多种经营，提高其自力更生，自我发展的能力。扶贫要扶贫到户，建立扶贫工作的责任制。有的县从县委书记到公社、大队书记和生产队长，县直机关从部委办和科局长到公司经理等，每人固定联系一两个特困户，一扶到底，一直到脱贫为止。这种干部带头，扶贫包户的做法，发挥了很大作用，许多贫困户生活有了很大改善，再加上农村大包干责任制的推行，贫困户很快走上了致富路。他们对党和政府有说不尽的感谢话：“共产党没有忘记我们，党的群众路线老传统又回来了。”有的说“旧社会是‘爱富嫌贫’，土改时是‘杀富济贫’，四人帮横行时是‘批富不爱贫’，现在是‘爱富帮贫’”。通过扶贫，进一步密切了党和政府与人民群众的关系。

中国扶贫基金会是一个不以营利为目的的非政府组织，是从事社会公益事业的社会团体，第一任会长是项南，第二任会长是杨汝岱，王郁昭是第三任会长。荣誉会长是李先念主席、荣毅仁副主席、杨汝岱、陈俊生等老一辈革命家和国家领导人。基金会成立以来，筹措并投入扶贫资金 9 亿元之多，累计实施扶贫项目

200 多项，直接帮助 200 多万贫困群众走上自力更生、持续发展之路。王郁昭任会长后，提出了“继承、调整、改革、发展”的方针，继承就是要继续弘扬艰苦创业、积极筹措扶贫资金，实实在在为贫困地区群众办实事的实干精神。改革就是按中央组织部、国家人事部《关于加快推进事业单位人事制度改革的意见》，在管理体制上实行在会长领导下的秘书长负责制，退回了国家行政编制，实行招聘制和干部竞争上岗责任制，贯彻公开、平等、竞争、择优的原则，引入竞争激励机制，使秘书处的班子更加年轻化，更富有朝气和活力。调整主要是对扶贫项目进行必要的调整和适当的集中。在项目的设计上特别注意扶持贫困社区的人口改善生产条件、生活条件、卫生健康条件，提高其科教文化素质和能力，加强对项目的管理。项目的策划和确立，必须先进行调研和科学论证；项目确立后，要制定操作规程，实行规范化和程序化管理；在项目执行过程中，加强统计、监测和评价工作，做到公开、公平、公正，便于捐赠者和社会的监督。努力实现项目品牌化，与国际接轨，提升基金会的社会公信度，以项目的高质量促进筹资规模的不断扩大。当前实施的主要项目有：小额信贷和农户自立能力建设项目；母婴平安 120 项目；新长城——中国特困大学生资助项目；天使工程和紧急救援项目等。

中国扶贫基金会到今年已走过了 14 年的艰苦历程，王郁昭说，中国扶贫基金会与中国其他非政府组织一样，是在政府指导下发展起来的。中国政府在 21 世纪第一个十年扶贫纲要中强调扶贫工作的长期性、艰巨性和复杂性，明确新世纪的扶贫要由政府主导，社会参与，提出要积极创造条件，引导非政府组织参与和执行政府的扶贫项目。企业可以通过捐赠资金与非政府组织合作，共同参与扶贫开发。这是中国政府扶贫战略的重大转变，为非政府组织参与扶贫提供了更为广阔的空间。

王郁昭近八十岁了，可喜身体精神双健。扶持弱势群体的热情不减当年，特别是对农民群众，总是展开双臂，捧出爱心。群众利益在王郁昭的心目中是至尊、至高、至上的。权为民所用，情为民所系，利为民所谋是王郁昭的最高追求。汗水洒满他走过的每一步，坚定的信念，创新的勇气，宽广的胸怀凝聚成他绚丽多彩的人生。

直言善谏 沈祖伦

◎ 姬业成

2005年春节刚过，我收到沈祖伦同志寄给我的两本书，一本是十几年来他向中央反映意见和建议的文集，取名《直言录》，一本是他多年来关于浙江经济发展战略的论述，取名《谈浙江经济机制》。

收到这两本书后，我如获至宝，用两天时间一气读完。读后为之拍案叫好。正如书名所示，他确实是以一个共产党员、一个曾当过省长的领导干部的责任心来向党中央提出意见和建议的。其情之真，其言之凿，令人叹服。

沈祖伦同志参加革命后一直在农村工作，后任县委书记、市委书记、副省长、省长、全国政协常务委员会委员，一直没有离开过浙江，但他对全国的政治经济体制改革，尤其是对“三农”问题，一直是非常关心的。

农村改革初期，每年他都要到北京参加关于“一号文件”的制定工作，曾发表过许多很有价值的意见，尤其是对改革开放初期走在改革前沿的沿海农村有比较真切的了解，他曾是温州经验的积极支持者、总结者和推广者。他所指的温州经验，既包括放手发展非公有制经济，也包括及时将原来带有浓厚“二国营”性质的集体经济改造成为股份制、混合经济、私有经济的一系列做法。使浙江的社队集体企业较早的摆脱官办模式，接受市场经济锻炼，获得活力。在诸多方面，他的许多意见曾得到时任中央领导同志的肯定和接受。笔者有幸与他相识，并一同出国考察，深感祖伦同志睿智聪敏，考虑问题周到深刻。无数次的彻夜深谈，使我对他有了较多的了解。2002 年到杭州开会，他在向我介绍了浙江大好形势之后，又语重心长地告诉我，浙江省经济虽然发展很快，但我们头上顶着个大雷子，就是上百万失地农民的问题，这个问题解决不好，会出大问题。

也许是我孤陋寡闻，关于失地农民问题的严重性，是第一次从他那里听到的。之后，他就努力推动这个问题的解决。现在就全国来说，浙江省解决失地农民问题的经验可以说是最先行也最丰富的。

收集在《直言录》里的文章共 28 篇，全是他近来向中央提的意见和建议，包括他在重要会议上的发言和上书，其中有 11 篇是讲“三农”问题的，我想摘录其中的一些，介绍给读者，并结合谈点自己的感想。

他提出的问题，有些已经解决，有些正在解决。有些问题现在看来已不成其为问题，但在当时发现、认识这些问题，并敢于把它反映到中央，则是需要有预见和胆识的。

例如 1992 年 10 月，他在一次重要会议上的发言中就提出

"应尽早放开粮食和绝大多数农产品的生产和流通，使农民真正从计划经济体制的束缚中解放出来，面向市场，调整农业生产结构和农村产业结构，把农村经济转向市场经济轨道"；"应该放手发展个体私营经济，把适宜于家庭经营的工业和第三产业让农民去搞，使农村获得资本的原始积累"；"浙江的实践证明，个体私营经济的发展并没有产生大的危害，却能使农村生产力较快地发展起来"。

沈祖伦同志为什么要向中央提出这样的建议，是因为1989年风波之后，"左"的思潮一度抬头，计划经济的一套做法，有人又重新拿起，下达作物种植面积任务，重提"以粮为纲"，个体私营经济受到挤压，全国的个体私营经营户数从1978年开始年年上升，1978年14万户，1979年31万户，1980年80.6万户，1981年183万户，1982年261万户，1984年达到590万户，1985年超过1 000万户，1988年达到1 453万户。之后，就开始下降，1991年的个体私营经营户数量比1988年还少50万户。沈祖伦同志敏锐地发现这一问题，并将它提交中央领导考虑。同一时期，他在另一份向中央提出的建议中还说："这几年'左'的倾向抬头，领导机关的主观主义、官僚主义、形式主义有很大发展，要重视和克服'左'的影响。因为有不少干部改革胆子大不起来，许多好的措施，从上到下只是一种口号。唱高调、做表面文章、不求实效、形式主义的发展，严重地影响了各级干部。"

在他写给党中央、国务院有关农村、农业、农民问题的建议中，主要是集中在三个问题上：

一是关于农村工作的指导思想。

1994年6月10日，沈祖伦同志将一份关于对农业和农村工作应该有怎样的指导思想的建议送给党中央和国务院领导同志。在这份建议书里，他既充分肯定了中央抓农村工作的成功之举，又指出在处理工农关系，城乡关系的指导思想上有不够全面的地方，他说“我接触下面的同志，真正让他们讲心里话，大都认为我们在工农关系、城乡关系以及有关农民问题的处理上，指导思想不够全面，主要表现为：一是对农业的着眼点偏重于保证农产品的供给，而对保证农民增产增收，促进农村经济全面发展，使农民尽快富起来，相对考虑不够”；“有些问题虽然提出来了，但都没有多少有力的措施，有些措施提出来了，也未能落实”；“对乡镇企业的发展，有的领导和有的部门，至今还抱有不十分支持的态度”。二是对城乡人民的要求，考虑社会稳定和城市方面的多，而对广大农民的呼声听得不够。三是在改革决策上，较多的是考虑国家财政的利益，而没有把农业的利益和理顺农产品价格关系放在优先地位。下面反映，现行粮食政策比计划经济还计划经济，粮食回到双轨制，石油价格并轨，是“农资搞市场经济，粮食搞计划经济”，干部群众抵触情绪很大。说粮食是特殊商品，但其商品属性并未改变，粮食保面积，应该主要靠经济手段，加上思想教育。现在层层强调“思想不通，组织服从”，靠行政手段，虽可以收效于一时，却是以牺牲党群关系、干群关系为代价。不少基层只好弄虚作假或消极对抗。这使党和政府在农民中的形象损失太大。在体制转轨过程中加强宏观调控，不可避免地用一些行政手段，但应防止在宏观调控的名义下恢复传统计划经济的办法。早在 2001 年，他就向中央提出应允许城市工商资本进入农业，为农业发展注入新的活力的建议。据理批评一些部门限制工商资本进入农业的错误做法。

据了解，在沈祖伦同志提此建议的同时，其他同志也采用多种形式提过此类意见，祖伦同志的意见是讲得最彻底的，曾引起党中央、国务院领导同志的注意，起了很好的作用。这说明我们党是非常注意倾听意见，了解下情的。党的民主作风的发扬，又为老同志建言开辟了更广阔的言路，使大家增强信心，减少顾虑，有啥说啥。

二是关于我国食物生产的发展思路。

1996 年 3 月他在北京一次重要会议上的发言中说，必须跳出只着眼于现有耕地，单一抓粮食生产的旧思路，应着眼于充分利用各种农业资源和整个国土资源，实行“以粮为主，食物多样化”的方针。逐步增加肉、奶、蛋、水产品，蔬菜、瓜果、食用菌在食物中的比重，用现代食物观念指导食物生产和消费。这不仅有利于提高我国人民的食物质量，提高人民健康水平，而且可以充分利用中国的山地、丘陵、水面、滩涂，减少粮食压力。

三是关于减轻农民负担和增加农民收入。

他上书中央，希望取消农业税，而且要一次宣布，两年实现，不要零打碎敲。

1998 年 3 月，沈祖伦同志在一次重要会议上尖锐提出农民收入增幅下降的问题。他说：近年来农村居民实际收入增幅下降，增产不增收的情况相当普遍，大批农产品卖难，水果烂掉、倒掉，连当年生产成本也收不回。由于乡镇企业效益不好，负担过重，许多地方农村居民工资收入也减少。农村购买力增长缓慢，已成为当前国内消费需求相对不足的一个重要原因。

从 1981 年到 1984 年全国农村普遍实行家庭联产承包责任制以后，农民收入曾经有过一个快速增长时期，城乡居民收入差距有所缩小，农村消费水平提高，农民购买力旺盛，又推动了工业经济和商业的发展，全国经济出现协调共进的大好局面。但 1990 年之后，由于诸多原因，农民收入增幅开始缓慢下降，其中 1997 年至 2000 年期间下降最为明显。

1997 年增幅为 4.6％；

1998 年增幅为 4.3％；

1999 年增幅为 3.8％；

2000 年增幅为 2.1%。

城乡居民收入差距也进一步扩大：

1983 年为 1.82∶1；

1990 年为 2.2∶1；

2000 年为 2.79∶1。

进入 21 世纪后上升为 3∶1，有人认为，如加上城市人的非工资收入，实际差距超过 5∶1。

沈祖伦同志是在这个问题刚出现时就提出建议的，也是全国最早提出这个问题的有识之士之一。

祖伦同志有一股韧性，一旦发现问题，就抓住不放，跟踪调查，首先自己弄个明白，然后再提出有说服力的建议。围绕农民收入问题，2000 年 3 月他在另一次重要会议上再次发出呼吁：从浙江调查，40%农民减少收入，有的地方农民减收面更大。

当时，有些部门正大谈扩大内需，认为内需不旺，是影响经济增长的主要原因。沈祖伦说：离开广大农民增加收入来谈扩大内需，无异于缘木求鱼。

2002 年 3 月他再次呼吁：农民收入问题是严峻的。城乡居民收入差距进一步扩大，农民相对收入降低，相当多农民绝对收入下降。祖伦同志毫不客气地指出："有些部门，有些同志对'三农'问题不能想中央之想，急农民之所急，他们脑子里有不少陈旧观念，惯于墨守成规，希望党中央和国务院领导要更深入进行调查研究。不能只靠少数部门和助手班子，要发动众多接触农村和农民群众的干部，大家开动脑筋，集思广益，同时要统一各部门的思想。"

农业和农村方面的问题，有些是老问题了，为什么老是解决不了？祖伦同志在提出问题的同时，还注意寻找其难点和障碍。

针对农村二、三产业发展缓慢，祖伦同志指出：第一是受金融条件限制。他说："农村金融资源垄断在国家手里，由于思想观念和制度的原因，国家金融机构掌握的金融资源过分倾斜于城市和大中型企业，使县域经济的金融供给明显不足，农业、农业龙头企业和小企业‘贷款难’的问题，全国上下不知喊了多少年，长期得不到解决。金融对农业的服务很不令人满意。”

第二是土地资源的开发利用没有给农民带来多少实际利益，相反使一大批农民的土地被国家剥夺。政府廉价从农民手里拿走土地，除一部分用于基础设施建设为农民所共享外，另一部分转让给工商企业。农民得到的补偿太少，不能解决失去土地后的就业问题。

第三，进城务工经商的农民仍然遭受许多不公平待遇，受到歧视，合法权益得不到保障。

他认为：工业反哺农业的时候已经到了，希望停止征收农业税、农业特产税和屠宰税，取消城镇五项统筹款。县、乡财政原来用这些收入安排的开支，应由中央和省级财政转移支付解决。

我们高兴地看到，祖伦同志几年前提出的建议，现在已经或正在变为现实。去年中央决定，三年内逐步取消农业税，结果在今年全国就有26个省（市、区）宣布取消农业税，使农民的负担大大减轻。

党的十六大召开之后，沈祖伦同志对新一届中央领导集体充满信心。十六大刚一结束，他就写信给胡锦涛总书记和温家宝总理，直抒己见，希望新一届中央领导加强对“三农”的支持力度。他在信中说：中央同志关于“三农”问题说了不少精辟而醒人耳目的话，问题就在没有统一思想，特别是中央和国家机关的思想没有完全统一，使许多事停留在口头上。这种教训值得记取，希望在深入调查研究，统一思想的基础上，中央要像抗“非典”那样，用铁的手腕抓城乡经济社会统筹。现在为“三农”现状而忧虑，为城乡统筹奔走呼号的还是那些老搞农业和农村工作的人，其他部门的声音听见不多。现在不少人讲“三个代表”震天响，做“三个代表”却是另一码事。农民是人民中的大多数，爱人民就得爱农民，代表人民根本利益就得代表农民的根本利益。

他建议加强对县域经济发展的支持。认为县域经济是国民经济的基础，不仅在全国经济总量中占有举足轻重的地位，而且有城乡结合紧密、利于城乡互相推动的特点。鉴于实行“市管县”体制后，许多地方的地级市立足点在城市，总是千方百计把财政集中到市，大搞城市建设、政绩工程，“市管县”变成了“市刮县”，因此，他建议尽早废除市管县财政体制，改由省管县。

沈祖伦同志在这封信中，还谈了进一步解决农民的问题。他认为：改革开放以来，我们所取得的成绩，不论是家庭承包经营、乡镇企业、允许农民经商贩运及大规模的民工潮，可以说都是对农民的解放。结果都推动了经济社会的大发展。没有这些，中国哪里会有今天。现在我们要在新的基础上，进一步解放农民，让农民真正享有国民待遇，让农民有权利开发和利用所有允许国民开发和利用的种种资源，特别是开发和利用金融资源。让农民从种种束缚和歧视中解放出来。

综观沈祖伦同志近几年向中央提出的建议，我感受最突出的是三大特点：

一是见事早，很多事都是在苗头时就被他发现，并抓住不放，我想这与他经常深入基层、深入实际、深入群众有直接关系。一年里，他有大半年是在下边跑，再就是他的敏锐性，善于见微知著，一叶知秋。

二是敢说真话，不拐弯抹角，不欲言又止。竹筒倒豆子，有啥说啥。共产党员就是得有这种精神，特别是给日理万机的中央领导同志反映情况提建议，如果吞吞吐吐，含糊其辞，不敢亮明观点，那不仅会浪费别人的时间，也起不到作用。

三是不仅反映问题，而且提出解决办法，讲究可行性。光反映情况，中央领导同志肯定也是欢迎的，能提出解决问题的办法就更有价值。

据我所知，中央领导同志曾对祖伦同志的意见和建议多次作过批示。因此，祖伦同志也受到鼓励，忧国忧民的责任心与年龄同增，虽然早已退出领导岗位，仍终年勤奋，与时俱进。

附：关于统筹城乡经济社会发展问题给胡锦涛、温家宝的信

（2003 年 10 月 15 日）

胡锦涛总书记、温家宝总理：

这里，我向中央和国务院反映关于统筹城乡经济社会发展问题的一些想法。

总的说，我的认识是，十六大提出的统筹城乡经济社会发展的思想，是关系全面建设小康社会的目标能否实现，我国发展能否接受有的国家的教训，避免产生重大曲折的一个大问题。这是我国发展战略的重大调整，也是对我们长期实行计划经济和城乡二元结构所造成多方面的影响的纠正和清除。对此，既不能操之过急。企求一下子解决多年积累的问题，又要防止行动过于缓慢，使我国“三农”现状拖延时间太久；既要扎扎实实解决具体问题，又不能限于就事论事。中央和国务院需要下很大的决心，抓紧而有步骤地解决一些深层次的、根本性的问题。具体说，有以下意见和建议：

第一，中央需要就统筹城乡经济社会发展问题专门召开中央工作会议和党的中央全会，统一中央和省部两级领导的思想，并对相关的政策措施作出重要决定。

统筹城乡经济社会发展的思想经十六大提出，胡锦涛同志和温家宝同志又在今年中央农村工作会议上作了很好的阐释和发挥，使所有关心和熟悉我国农村的同志深受鼓舞，认为这是我国发展的重大转折的开始。但是，长期实行计划经济和城乡二元结

构造成的影响，渗透各个方面而且根深蒂固。加上，领导机关不少同志不真正了解农村，在各级干部中又较多存在脱离群众（尤其是脱离农民）的倾向。因而至今就全党全国范围来说，对于这一重要思想，大都还缺少应有的理解和重视，更谈不上贯彻于行动。或许是十六大报告对这个问题表述上的原因，人们对统筹城乡经济社会发展往往只是从“三农”出发，而不是着眼于整个国家发展的全局。因此站的不高，决心不大，解决问题的动员面不广。下面议论，今年年初中央农村工作会议虽然开得好，但很大的不足是没有找省委书记和省长来开会。回顾过去，中央同志关于“三农”，说过不少精辟而醒人耳目的话，问题就在没有统一思想，特别是统一中央和国家机关的思想，使许多事停留在口号上。这种教训值得记取。我希望中央考虑。在充分调查研究的基础上，专门就统筹城乡经济社会发展问题召开中央工作会议，进行深入的真正意义上的讨论，集思广益，统一思想，并举行中央全会作出相应决定。

在集思广益、统一思想的基础上，中央要像抗击“非典”那样，用铁的手腕抓城乡经济社会统筹发展思想及其相关政策措施的贯彻推行。中央和国家机关中高高在上、对“三农”态度冷漠、墨守成规、不思改革的人和事，不是很少数。下面听到，上面为“三农”现状而忧虑，为贯彻城乡经济社会统筹发展奔走呼号的，还是那些老搞农业和农村工作的人，其他部门的声音能听见不多。现在不少人讲“三个代表”震天响，做“三个代表”却是另一码事。农民是人民中的大多数，爱人民就得爱农民，代表人民根本利益就得代表农民的根本利益。我觉得，对县以上各级领导机关在“三农”问题上的态度和作风，要与实践“三个代表”的思想联系起来加以考查。

第二，壮大县域经济是统筹城乡经济社会发展的重要环节。

从区域的层次说，县域经济是我国国民经济的基础。全国人口的大部分都在县域。县域经济不仅在全国经济总量中占举足轻重的地位，而且有城乡结合紧密、利于城乡互相推动的特点。一般说，县域经济发展好的地方，整个经济就好，人民生活也好。县域经济壮大了，也能更好统筹城乡经济社会的发展。

浙江是一个例证。大家看到，改革开放以来浙江经济发展快。其实这里的经济发展同全国一样，城乡差距、区域差距也大，只是相对稍好。浙江农民的收入，多年来居各省区之首。有人说：浙江经济发展快是快在农村，浙江经济活是活在农村，浙江人民比较富，是因为农民也富起来了。这话不错。但准确地说，浙江经济发展快主要是县域经济发展快，浙江农民收入比其他省区高是县域经济比较壮大。全国100个经济强县（市、区），浙江占27个，显著多于广东、江苏等经济强省。多年以来，浙江县域经济占全省经济总量的比重，都在70%上下。全省国内生产总值和财政总收入的增长额中，县域经济增长额大于县域以上经济的增长额。可以说，从改革开放以来，浙江省对县域经济一直十分重视，倾注了很大的力量。从领导力量配置、县（市）主要领导干部管理、财政体制、经济管理权限设置等，有一系列行之有效的措施。而且敢从实际出发，顶住某些削弱县域经济的错误做法。

改革开放以来，在我国整个经济的发展中，县域经济的发展已经显示了巨大的作用。今后，要实现全面建设小康社会的目标，县域经济将更显得重要。中央和国务院领导十分重视贯彻推行统筹城乡经济社会发展的思想。我觉得，县域经济无疑是要紧紧抓住的重要环节。

遗憾的是，全国从国家有关部门到许多省区和地级市的领导，对县域经济在较长时间以来不太注意。他们的目光和精力以及对多种资源的配置，过分向大城市和县域以上倾斜。某些重大改革，由于指导思想的偏颇，在取得成绩的同时，有一定的负面影响。如财政体制改革、金融体制改革，对县域经济的发展都带来某些不利影响。干部年轻化和干部交流制度的推行，从县乡实际出发也不够，造成主要领导缺少相对稳定，助长急功近利思想，不利于长期创业。还有一种把城市化与县域经济对立起来的做法。从1983年以来，延续20年的时间，在全国推行“地改市”，实行“市管县”行政体制，同时实行“市管县”财政体制。其指导思想不仅源于上述错误观点，还加上计划经济思想影响，企图以行政手段加快城市化。这件事，虽在一定程度上促进了市政建设，但代价巨大，影响许多县的经济社会发展。

我觉得，中央和国务院需要认真总结县域经济发达县（市）的成功经验，排查所有障碍县域经济发展的各种因素，及时制定推动县域经济发展的政策措施，加以大力推行。这对促进城乡经济社会统筹发展，会收到好的效果。

第三，改进财政体制和行政管理体制。

加大国家财政对“三农”的支持，不少同志提过，我也提过。我至今仍认为有此必要。但与此同时，还要考虑改进现行的财政体制。从指导思想说，提高中央财政占全国财政的比重，无疑是必要的。但是我们国家大，行政层级多，县（市）是国家的基础单位和战略单位，许多问题得靠县（市）才能真正解决好。因此还要充分考虑这一国情，在提高中央和省级财政集中度的同时，使县（市）级政府有承担其应尽职责的财力。现在许多县无力解决它们应该解决的问题，纷纷向上伸手，这对中央和省级财政也是很大的压力。

我对改进财政体制的意见有两条。一是1994年财政体制改革后，在全国财政收入快速增长的同时，县（也包括乡镇）财政困难与日俱增。这与县乡机构庞大，政府职能转变不及时有关，但其中也有体制不合理因素。分税制使中央和省级财政比例提高，市级政府也竭力集中财力到本级。现在，多数县（市）财政的固定收入仅系零星小数，共享收入从省、市分享部分中分成或得到奖励，也比例极小。这不仅使县（市）财力难以承担其应尽职责，而且严重影响经济社会发展，不少地方正蕴含财政危机。我以为，中央需要考虑，适当提高县（市）财政在全国财政总盘子中的比重，根据不同地区特点，合理划分税种，并适当提高县（市）对共享收入的分成比例。这件事当然要在县乡两级机构精简、转变政府职能的基础上进行。而且只限于解决欠发达地区的困难，经济发达县（市）可不考虑。二是全国2 861个县级行政单位，地级市所辖县级单位占2 141个，其中除市辖区外，占全国近半数县、市（包括撤县改区）的财政体制本属省直管，“地改市”后变为“市管县”。地级市的立足点在城市，因而千方百计把财力集中到本级，此外还常按项目向所辖县摊派集资，加强所在城市建设，大搞其政绩工程、形象工程。所以，地级市所辖县（市）反映：“市管县”就是“市刮县”。这实际上使这些县（市）在一定程度上削弱了财政积累机制。不少县原来基础不好，由此更难积累财力促进本地经济发展。浙江是被上级批评为“全国少有”的在“地改市”中没有实行“市管县”财政体制的省份。实践证明，正因为这样，在财政上有力地保障了县域经济的不断壮大。我以为，地级市“市管县”财政体制宜及早废除，改由省直管为好。办法可参照浙江，并进一步完善。这是不需花中央财力而大有利于县域经济发展的可行措施。

还有一个行政区划和管理体制问题。从多年情况看，地级市除了对本级城区和郊区外，对其他所辖县、市的领导作用不大。看来，在政府职能转变的情况下，我国最好是实行中央、省（市）、县（市）三级政府，由省直管县（市），乡镇改作派出机构。如果以此作为行政区划和管理体制改革的方向，可以逐步推行。先在幅员不大、条件成熟的省份（如浙江）试行。其他省逐步创造条件。包括：(1) 面积过大的省在适当时机分省。分省后幅员仍偏大的，在县（市）以上设虚的派出机构。（2）从现在起，地级单位未改市和实行“市管县”体制的，一律停批。（3）县级市按宪法规定由省直管，不委托地级单位代管。（4）地级市的“市管县”财政体制改为省直管。（5）结合行政审批制度改革和政府职能转变，逐步弱化地级市权力，直至地级市只管本级城区和郊区。（6）乡镇改作派出机构也先在部分地方试点。

第四，深化农村土地制度改革。

农村土地家庭承包经营作为我国改革的先导，对推动全国经济发展和经济体制改革，发挥了巨大的作用。但家庭承包制终究是在当时情况下的“半截子”产权改革。经过多年实践，其弊端已充分显现。农村土地制度需要有新的突破，不然将阻碍农业和农村的发展。对此，我有两点想法。

（1）土地产权进一步明晰化和市场化。具体做法是，在家庭承包基础上实行承包权永久化。我接触有些长期搞农村工作的同志，他们也有这个想法，说是只改一个字就行：“承包制”改为“永包制"。实行家庭承包 20 年来，我们一轮继一轮地宣布承包期长期不变，也在一步又一步地充实承包权的物权性质。这反映了承包权的永久化、物权化是客观趋向。我觉得，在现有家庭承包基础上实行承包权永久化，比较容易操作，阻力较小。而这一改，却可使当前存在的承包期有限和承包土地实际不稳定，因而导致农民对农业结构调整缺乏长远打算，阻碍农民对土地的长期投入等问题，都迎刃而解。农民真正成为市场主体后，能独立自主决定土地经营，利于充分发挥农民和土地这两大要素的潜能。承包权的永久化，一经法律上确定，还要相应修改《征地法》，把国家征地范围压缩到最小，这样能大大减少乡村用行政权力或土地所有者代表名义，以及借口国家需要，侵犯土地承包权行为的发生。更重要的，由于产权的明晰，为土地作为重要生产要素的进入市场，创造了条件，有利于土地和人力资源的最佳配置和利用。

(2) 鼓励农民自愿基础上的土地适当集中。“小规模经营”是我国农业低效和农民低收入的主要原因。基于我国国情，一部分农业将长期保留小规模经营形式。但是，农业的主体部分，大众农产品的生产，如不能克服小规模经营的弊端，不要说农业现代化，就是目前农业成本居高不下，农民收入在低水平徘徊以至减收的状况，也难有大的改变。为了提高规模效益，除了加强对农户的社会化、规模化服务，建立健全农业服务体系，国家在这方面给予更多的扶持以外，发展土地适度规模经营问题，已到了提上议程的时候。国家需要考虑，在农村土地产权进一步明晰的同时，拿出很大的力量，来鼓励农民自愿基础上的土地适当集中。这是农村土地制度深化改革必须突破的重要内容。国家要参照欧洲和日本、韩国的经验，制定一系列鼓励支持的措施。现在正面临一个时机，即各级政府都在加强对“三农”的支持。并适应加入 WTO 后的需要改变农业补贴方式。应该把这方面的财力支持，与解决土地适度规模经营问题结合起来。最近听说，有一个省搞改变农业补贴方式试点，全省补贴农户 6 亿元，农民每亩摊到 10 元。这解决什么问题呢？我觉得太可惜了！我想，农业补贴也好，农业设施投入和生产资料扶持也好，都应该与鼓励土地适度规模经营结合。特别是广大商品粮产区，要采取有吸引力的经济措施。支持种粮大户和以粮食生产为主的农业企业的发展。据我了解，一个种粮大户，规模在 200 亩左右，搞少量不多花劳力的多种经营（如养禽畜和鱼），两夫妻劳动和管理，加上少量雇工，年收入就可达到城镇居民水平以上。经营别的销路好的农产品的大户，其效益规模还要小，收入还要高。我们的政策取向，当然不是土地过度的集中，而立足于鼓励上述一类农业大户和农业企业的增多，是十分必要的。支持其土地相对连片，加强对土地投入，给予机械和设施的扶持，加强对他们的各种优惠服务。从支持种粮的大户和企业来说，还应该把它与实行粮食安全和建立高效商品粮基地结合起来。

顺便说一件事。从浙江见到的情况，在农民自愿基础上适当集中土地形成的农业大户和农业企业，正在逐步增多。有些市场销路好的农产品经营大户和企业，发展更快。它们与小块分散土地上自耕的农户相比较，区别在于主要依靠雇佣劳动，并在资金、信息、科技、劳力以及管理上的集约投入，有较高的产出率和经济效益。这实际是资本化的农业，它可以为我们提供远高于其他经营方式所能达到的生产率。实际地看待这个问题，这种农业大户和企业无疑是农村中的先进生产力。它们的耕种用地，一般向自愿转让承包地的农户租人，年租金每亩 200 元至 400 元、500 元不等，而一般种粮农民的每亩土地年收入（包括自身劳动报酬），只有 150 元到 200 元。他们雇佣的劳动力，有家里仍然经营承包地的，也有把承包地出租，全力打工的。不论哪一种，都使这些出卖劳力的人的收入显著增加，因而乐意这样做。由于适度规模经营的农业大户的资本积累尚需过程，目前政府对他们的支持也还不够，所以总的发展还不快。可喜的是，城镇工商企业和外商投资兴办的农业企业近几年发展引人瞩目。这些农业企业的规模大，有上千亩、数千亩的，效益都很好，提供了比一般农业大户更高的生产率。浙江全省截止去年底，这类农业企业（包括加工）投入的资金，累计达 180 亿元人民币。这对我和一些长期搞农业的同志，觉得是不曾想到的，都为而此兴高采烈。认为是农业现代化的希望。但这里涉及了中发［2001］18 号文件。因为文件明确提出：“企业和城镇居民随意到农村租赁和经营农户承包地，隐患很多，甚至可能造成土地兼并，使农民成为新的雇农或沦为无业游民，危及整个社会稳定。”“中央不提倡工商企业长时间、大面积租赁和经营农户承包地，地方也不要动员和组织城镇居民到农村租赁农户承包地。”我在下面调查，听到对此颇多不同意见，我也感到需要进一步斟酌。所以一并向中央反映。

第五，进一步解放农民，使之真正享受到国民待遇。

国家对“三农”在财力上的倾斜固然重要。但更重要的还是使农民从种种束缚和歧视中解脱出来，使他们能够充分释放出自己的力量。这种力量比之国家拿出几百亿、几千亿人民币来，将起更大的作用。相信中国农民，相信中国农民的力量是真正伟大的，这是在中国作为一个真诚地信仰唯物史观、信仰马克思主义的人应有的基本观点。可惜我们党自建国以来，在这方面做得并不尽如人意。我希望十六大后，我们能够在这方面有较大的进步。试想，改革开放以来我们所取得的成功，不论是家庭承包经营，乡镇企业，允许农民经商贩运，以至大规模的“民工潮”，可以说都是对农民的解放，结果都推动了经济社会的大发展。中国没有这些，哪里会有今天？现在我们要在新的基础上。进一步解放农民。让农民真正享有国民待遇，让农民有权利开发和利用所有允许国民开发和利用的种种资源。特别是开发利用金融资源。回顾浙江省的温州、台州等地区，本来经济并不发达，其所以有今天的一个重要原因，就是当时允许民间金融发展，对地下状态的民间金融采取眼开眼闭的态度。我觉得现在的金融改革，从“三农”要求着眼，除了用更大的力量建立面向农业和农村的国家政策性金融以外。要总结浙江省温州、台州地区发展民间金融的经验教训，存利去弊，允许县域范围的金融让民间力量来参与，更好为县域经济服务。还有一个很重要的方面。是应该允许农民自己组织起来。不仅组织专业性、经济合作性的协会，也可以组织综合性的农民协会。我多次考察日本、韩国，深感我们作为共产党执政的国家，在这方面远不如他们。其原因，除了不相信农民和国家与农民争利以外，恐怕很难得到别的解释。我以为，对待这样的问题，在原则上应该十分明确，是不需要讨论的。当然在具体操作上必须认真对待，稳步从事。我想，中央和国务院领导对如何让农民从种种束缚和歧视中解脱出来这样的问题，最好能更多地听取下面的意见，并下决心逐步去做。相信会收到意想不到的成效。

此外，还有农村教育和开发农村人力资本问题。

农村教育问题，中央已经开过会议并发了文件。我想强调的是，农村教育要改革，要讲求教育质量，要重视农村职业技术教育，并加重九年制义务教育中职业技术教育的分量。再是，要切实地把农村丰富的人力资源作为资本来开发。尤其是欠发达地区。要以劳动力结构调整带动农业和农村经济结构的调整，以劳动力素质培训来提高农民进入市场的本领，拓宽就业的机会。无论农村和城市，都要大力支持农村劳力进城务工经商，并且要主动为他们服务。这不仅是欠发达地区农民增收的有效途径，而且是提高人口素质、开发人力资本的立竿见影的措施。

以上所述，有些意见还缺乏进一步思考，本想经过更多的调查后提出。考虑到有些事非个人思考能得出正确结论，还应早向中央、国务院领导反映，作为参考。十六大后中央做的不少事深得民心。尽管党和国家的事业任重道远，但许多人对中央领导更加信赖。我的以上意见和建议也是出于这种信赖才提出的。

顺祝中央同志健康！

沈祖伦

2003年10月15日

踏遍青山人未老

——记农业科学家卢良恕

◎ 姬业成

在中国，凡是搞农业的人，大概都会拿出很多时间到农村跑，上山下乡，深入农田，走村串户，但像卢良恕同志那样把全国所有省、自治区、直辖市都跑遍的人可能不多。卢良恕同志在担任中国农业科学院院长的 10 年（1982—1992）及以后的这十几年中，到中国宝岛台湾省及大陆 31 个省、区、市做过考察。正因为他跑遍了全国，他的课题研究才有扎实的基础，他的讲话才有的放矢，他向中央的建议才备受关注，他领导做出的农业科技规划才切实可行，他的研究成果才特别丰硕。

卢良恕1924年出生于上海一个知识分子家庭，父亲早年留学美国，学的是经济与金融管理，外祖父曾留学英国，学的是造船业，曾任北大校长。卢良恕自小学习成绩优秀，完全有条件攻读其他热门专业，但他听从了外祖父的话，学了农业。外祖父告诉良恕兄弟二人“民以食为天，少不了农业；国要富庶，少不了工业”，“良恕，你学农业吧；良惠，你去学工”。兄弟二人按照外祖父的安排，分别学了农、工。良恕也从此与农业结缘，将自己的一生献给了中国的农业。1947年，在金陵大学农学系毕业后被分到前中央农业试验所从事小麦研究。解放后进入华东农业科学研究所，继续研究小麦，担任过小麦品种研究组组长、淮北小麦工作组组长。后来又从小麦科研领域走上农业科技领导岗位，被任命为江苏省农业科学研究院的办公室主任、处长、副院长、院长，可以说他是一个既有专业知识、又有组织领导才能的农业科技战线的功勋人物。

2004年11月，在四川省攀枝花市召开的云贵川资源金三角农业发展战略研究会上，卢良恕院士讲的第一句话就语惊四座，他说：“我已是第12次踏上这片热土……”。攀枝花市地处川西与云南、贵州交界，是典型的内陆地区，地上地下资源都非常丰富，是世界罕见的“聚宝盆”。卢良恕同志第一次到这里考察过后就爱上了这个地区。之后，他到处奔走，四处游说，向各方面推介这个地区，特别希望农业部门在这里搞农林牧渔综合开发。为了将攀西六盘水地区的资源及相关条件摸透，他不顾年高，不辞劳苦，一次次深入山川河谷、平原丘陵研究土壤、研究气象、研究物种、研究水利，力争把一切都摸得清清楚楚。正是由于他的呼吁真切，他的科学研究成果无可争议，攀西地区已列入我国重点开发地区，有关省区和部门也十分重视。许多项目正在实施。

卢良恕同志胸有全国，视野开阔，他是将全国每一个地区都作为自己的科研对象的，总希望在每一种类型的地区都找到可以利用的资源、可以发扬的优势，避害趋利、扬长补短，给农业找到发展的新思路，给农民找到尽快致富的出路。

1983 年，他到甘肃年降雨量最少的地区考察，提出了由单纯依靠工程措施转向工程措施与生物措施相结合的旱地农业发展方针。

1984 年，他到贵州考察，提出了种植业应实行“粮食作物、经济作物、饲料作物”三元结构的发展思路。

1987 年，他到海南岛视察后，提出了对自然资源要实行开发、保护、利用相结合，经济效益与生态效益并重的建议。

1988 年，他与 10 位专家一起对冀、豫、皖三省黄淮海平原进行考察，提出了将这一地区建设成为中国粮、棉、油、肉四大农副产品生产基地的规划。

1989 年、1990 年，他两下甘肃河西走廊，寻找这个地区作为东西纽带的特殊作用。

1991 年，他率专家组考察西南 5 省区，探寻 5 省区发展思路。

1992 年，他深入西藏地区雅鲁藏布江两岸，在高原缺氧的条件下连续考察了 20 多天。他是深入我国海拔最高、年岁最高、职务也最高的农业科学家，至此，他已走遍了祖国的各个省区。

他常说，搞任何科学研究的人都需要深入实际、深入现场、深入群众，但农业科学的现场最大，包括山川河流海洋。农业科学面对的群众最多，中国的 9 亿农民都是我们的老师，也都是我们的研究对象、帮助对象。

卢老今年已经 81 岁了，按照中国的传统，已是耄耋高寿，该坐享清福、颐养天年了，可是他还在中国大地上不停地走动，到处调查，他几乎对一切新鲜事物都感兴趣，特别关心他曾经参与过的科研项目的实施，喜欢追踪调查，发现新问题，解决新问题。

中国科学院院士是终身制，不存在离退休问题，卢老如今仍领衔许多重大课题研究。他每年都要离开北京到各地考察研究10次以上，而且是深入到山区、牧区、沙区、沿海、农村实地考察。麦收时，麦田里有他的身影。秋收时，稻田里有他的汗水。他用心血在浇灌着丰收的庄稼，他用双脚在丈量着祖国山川河流，他用智慧在培养着后生，他用党性和科学家的良知在不断地为中国农业现代化出谋划策。

卢良恕同志的考察结果和科研成果，有的交给所在地区党委政府作为决策参考，有的上报国务院和有关部门，有的成为中国农业科学院或中国工程院的研究成果，都起了很好的作用。卢老搞什么都很认真，他认为科学工作者必须有科学态度，不用科学态度就搞不好科学，即使搞出来东西也很难达到科学要求。科学就是实事求是，就是永远探求、永不满足。1988年，他接受了主持《关于中国中长期食物发展战略》的课题研究任务，这是一个涉及多学科、多部门、大跨度的宏观课题。为了完成这个课题，他邀请10个部委和有关省市的148位科学家共同参与，先后开了39次研讨会，最后又带领研究组的15人关在一个山庄搞了整整10天，终于拿出了一个符合中国国情的食物发展战略报告，为从根本上改善中国人的食物结构起了奠基作用。

多少年来，由他主持完成的课题很多，大大丰富了我国农业科技宝库，他也带出了一批中青年农业科技人才，他用自己的智慧、人格培育了一批人。

附:黄河三角洲(东营市)高效生态经济发展战略分析(摘要)

卢良恕

黄河三角洲作为我国三大三角洲之一,由于种种原因起步较晚,三角洲的整体开发潜力还没有得以充分挖掘,其区域综合优势还没有得以充分发挥。在各方面力量的共同努力下,发展黄河三角洲高效生态经济已经列入了国家"十五"发展计划纲要,联合国工业发展组织正式确认东营市为国际绿色产业示范区,东营市作为黄河三角洲的主体和龙头,经过几年来的跨越式发展,已经取得了显著成绩。如何在原有规划的基础上,凭借当前良好的发展势头,使东营市的经济和社会发展再上一个新的台阶?重点要认识和处理好几个层次的问题。

一、黄河三角洲高效生态经济优先发展的重要性

黄河三角洲地处渤海经济圈,是山东半岛与京津唐经济区域联系的重要纽带,地势平缓,有大量的土地后备资源(仅东营市就有525万亩土地待开发利用),滩涂广阔,湿地总面积约3 200平方公里,中国第二大油田胜利油田坐落其上,丰富的盐矿资源,大面积的浅海水域,地处暖温带半湿润半干旱大陆性季风气候,由于位于渤海湾南沿和莱州湾西海岸,又具有明显的海洋性气候,等等,这都是黄河三角洲的宝贵财富。

黄河三角洲凭借自身丰富的资源优势和独特的区位优势,在

国家政策的积极支持下，率先实现高效生态经济的优先发展，可以对整个黄河流域和渤海经济圈的整体发展起到龙头带动、辐射拉动以及样板示范的重要作用。

近几年的发展实践证明，黄河三角洲切实转变以石油经济为依附的单型产业结构，把高效生态经济作为黄河三角洲可持续发展的战略定位，把生态产业建设作为提升区域综合竞争力的基本途径，把生态治理作为创建未来美好家园的基础条件，把生态文明作为经济社会协调发展的必然选择，不仅符合实际、也探索出一条经济发展与资源、生态、环境相协调的可持续发展之路。

二、东营市在黄河三角洲区域内的位置和作用

东营市经济增长各项指标均居山东省前列，在黄河三角洲区域内处于领头羊地位，表现出了巨大的活力，已经成为山东省最引人关注、发展速度最快、最具经济活力的区域之一。无论从经济总量还是从发展速度看，东营市在黄河三角洲的流通和生产中心地位、对周边城镇的辐射和扩散效应、对区域的综合协调发展能力均日趋提高，东营市作为黄河三角洲的中心城市地位和经济发展的龙头地位基本形成。

黄河三角洲国土面积 21 453 平方公里，高效生态经济建设的规划范围为东营市行政区，陆域面积 8 053 平方公里，浅海面积 4 800 平方公里。选择这一区域建设高效生态经济，目的是借鉴深圳带动珠江三角洲、浦东带动长江三角洲开发开放的成功经验，在这一生态完整、资源密集、基础条件成熟、行政独立的典型区域，集中力量、重点突破，取得经验、快出效益，进而逐步辐射带动整个黄河三角洲地区的建设和发展。发展黄河三角洲高效生态经济的最终目标不仅是促进东营市二个行政区的发展，而是辐射带动整个 21 453 平方公里的黄河三角洲地区的建设和发

展。从目前情况看，虽然作为龙头的东营市经济发展较快，但东营市与黄河三角洲区域内其他4个市的12个县，合作仍不密切，发展还不协调，黄河三角洲区域内资源并未实现最佳配置，整体资源优势和经济优势还未显现。这既影响了东营市的龙头带动作用的充分发挥，又滞缓了区域整体的建设和发展水平。

黄河三角洲作为具有特殊机能与结构的系统整体，要实现这一区域的最优发展，关键是创造条件，优化整合区域内5个市的17个县的生产要素，促进市县间产业要以当地资源与区位优势为基础、以互补双赢为原则的合理化分工，形成能够发挥和显示黄河三角洲整体比较优势的产业群。建议定期召开由有关市县组成的黄河三角洲区域建设和发展协调会议；建立区域资源开发利用监测体系，制定相应的资源管理政策和法规，保证资源的科学合理和可持续利用，实现区域内资源的最佳配置，使黄河三角洲丰富的资源发挥出应有的经济效益、社会效益和生态效益。

三、东营市一、二、三产业的关系及其调整策略

东营市2002年三次产业的比例为6.1∶77.2∶16.7。第一、第二产业比重正在下降，第三产业有了较快增长。总体发展势头是好的，要坚持“稳定第一产业，改善第二产业，提升第三产业”的原则。

稳定第一产业，就是要稳定第一产业的规模，要通过农业和农村经济战略性结构调整，使得农产品品种优化、布局合理、农（种植业）林牧渔比重适当，并重视农产品的精深加工，在稳定规模的基础上，提高农产品的竞争力，提高农业的综合效益。建议国家将黄河三角洲列为现代农业建设示范区，并支持在黄河三角洲布局大型综合性农业开发项目。

改善第二产业，就是要从典型的以石油开采为主的资源型工

业，加快向加工制造业转化。要积极发展接续和替代产业。

要围绕加工制造业培育新的工业经济增长点，力争在较短的时间里，初步建立起在远景上能够接续和替代石油采掘业的地方现代工业体系。

提升第三产业，就是要在巩固传统行业的同时，积极发展科技含量和服务层次高的新行业。今后要重视金融保险、信息、教育等新兴行业的发展，鼓励支持物流配送、连锁经营、特许经营、大型超市和电子商务等新型业态，大力发展旅游、房地产和社区服务、中介服务等新兴服务业，努力培植住宅、教育、汽车以及与之相关联的消费热点。目前国家已将东营区列为全国社区建设示范区，将东营市列为国家信息化试点城市。

四、黄河三角洲区域经济发展的主要制约因素及战略思路

黄河三角洲具有十分明显的综合发展优势，但是，制约其经济与社会发展的几个主要因素也必须引起高度重视。首先，黄河三角洲作为一个区域经济的整体板块，大型基础设施的总体构架还不能满足高效生态经济的优先发展要求，例如，虽然地处黄河河口，毗邻渤海湾，但是港口的建设远没有到位；虽然土地的后备资源很大，但是盐碱化严重，并且由于黄河水的含沙量的减少，使土地呈现蚀退大于淤进的态势，近26年来，土地每年减少3平方公里，土地的整治工作需要上马一系列配套基础设施；虽然属于黄河流域，但是淡水资源明显短缺。其次，三角洲经济成分的主要比重是石油、石化行业，属于资源型经济，据统计，东营市的国民生产总值的70%以上来自石油工业。资源是有限的，尽快建立接续和替代产业，是实现黄河三角洲经济持续、健康发展的当务之急。针对黄河三角洲的发展现状，应该明确和实

施以下战略思路：

第一，以东营市为龙头，以整个黄河三角洲为目标，以高效生态经济为模式，推动宏观布局和区域内各市县间的协调发展。

黄河三角洲作为具有特殊机能与结构的系统整体，要发挥东营市的龙头作用，打破行政区划的制约，树立黄河三角洲高效生态经济板块的整体理念，凭借区域高效生态经济的整体优势和重要影响，通过实施资源置换资本的战略，争取国家政策的支持，吸引国际投资者的注意力。同时，要创造条件，优化整合区域内5个市的17个县的生产要素配置，促进市县间产业分工合理化，发展具有各地比较优势的产业，打响黄河三角洲高效生态经济的品牌。

第二，优化黄河三角洲的总体规划，加强基础设施的建设。

国际国内大江大河三角洲的成功实践，很好地证明了三角洲在国家或地区的经济和社会发展中的重要地位。实践还证明了，在三角洲开发的初期，对其自然环境和资源条件进行综合、系统规划，构建适合本区域特点的人工生态系统和经济结构，完善配套的基础设施建设，等等，这是三角洲经济和社会获得超常规发展的基础和前提。而且，其开发过程中必然伴随着以1个或几个城市为龙头的城市群的崛起。在综合分析各种优势，结合当前发展的新形势和国内外的新情况，及时调整和优化黄河三角洲的总体规划，对诸如港口、道路、机场等交通设施，蓄水工程、节水工程、防潮堤坝等水利设施，湿地保护、绿地建设等环境生态设施，以及制造业基地、商品物流基地等等，形成一个框架性布局，使得国家政策支持可以有一个明确的完整平台。例如，国家级出口加工区的规划；资源开采为主的城市和地区的接续产业的规划（500万亩速生林基地和100万吨规模纸浆加工项目等）；国土综合治理规划；等等，这都是一些适应当地发展要求、符合国家发展政策的很好的支持平台。

第三，积极发展接续和替代产业。

黄河三角洲的现有经济是典型的以石油开采为主的资源型经济，在新形势下黄河三角洲从区位、资源、生产要素、产业结构等方面看，是一个承接制造业、物流业等产业转移的理想地区，在发展高效生态经济的进程中，应进一步加快其向加工制造业、商品物流业等接续和替代产业转化，这是一项紧急而重要的工作。集中力量发展制造业中产业关联较强、有一定基础的机电、化工、建材、轻纺及农副产品加工等高新技术产业群，围绕加工制造业培育新的工业经济增长点，力争在较短的时间里，初步建立起在远景上能够接续和替代石油采掘业的地方现代工业体系。

喜听吴象谈小康

◎ 姬业成

吴象同志是全国知名的农村问题专家。“文化大革命”前，他在任《山西日报》总编辑时，《山西日报》的农业宣传在全国省级报纸中是非常出色的。

农村改革初期，他在安徽工作，是省委副秘书长。时任安徽省委书记万里同志解放思想，实事求是，率先在全省推行包产到户。吴象同志是万里同志身边得力的工作人员之一，在调查研究、文件起草、典型宣传方面起了重要作用。1982 年以后，任国务院农村发展研究中心副主任，参与了一系列农村改革文件的起草。1980 年包产到户问题引起全国性大争论，他在人民日报上发表了《阳关道和独木桥》一文，对包产到户的由来、性质、发展及前景作了比较系统的论述，对家庭联产承包责任制的实行起了很大的促进作用，此文曾获孙冶方经济科学奖。

1995 年离休后继续关注“三农”问题，虽已年过八旬，仍调研不停，笔耕不止，不仅参与了万里同志文选的整理、选编工作。他自己的书也出了几本，其中《历史在这里拐了一个弯》一文，曾在 2004 年被评为中国农村发展研究专著一等奖。

离休之后这些年里，吴象同志对“三农”问题关心的面很宽，可以说发生在农村的什么问题他都感兴趣，他的心还在黄土地上，还在农民那里。

这里我只想就他关注的问题之一——农村建设小康社会的问题，介绍一些他的精辟论述。他的这些观点我是亲耳听到和亲眼看到的，可说是第一受益者，认为有价值，才想着介绍给大家，希望引起共鸣。

全面奔小康　难点在农村

吴象同志强调：建设小康社会是和战略转变紧密联系着的。左的错误导致经济的长期停滞。小平同志毅然实行战略转变，采取改革开放的方针，开启此后二十多年繁荣发展的局面。1979 年是小平同志第一次提出小康的概念。他在同国际友人谈话时讲到：我们要实现的现代化，达不到你们那种标准，只能是“小康之家”。这是实事求是的精神。1982 年他明确指出：摆在我们面前第一位的任务是在本世纪末实现现代化的第一个初步目标，这就是达到小康水平。1985 年 3 月，他又说：我们奋斗了几十年，就是为了消灭贫困。第一步，本世纪末，达到小康水平。可以说，建设小康社会是小平同志给中国人民设计的第一个战略目标，深得全国人民赞同，早已成了凝聚全国人民力量的一个奋斗纲领。党的十六大，根据实际情况宣布已初步达到小康水平，今后20年要全面建设小康社会，又提出了“六个更加”的具体内容，即“使经济更加发展，民主更加健全，科技更加进步，文化更加繁荣，社会更加和谐，人民生活更加殷实”。这同样表现了实事求是、与时俱进的精神。

吴象同志认为，中国农民是最期盼小康的，但中国农村的小康建设任务又十分艰巨，而如果没有农村的小康，全国的小康就无从谈起。

他说，全面建设小康社会，必须统筹城乡经济社会发展，更多地关注农村、农业、农民。

冰冻三尺、非一日之寒。农村、农民、农业中存在的问题是多种矛盾长期积累的结果，早已突破经济层面，成为综合性，体制性的社会问题。“三农”问题之所以愈来愈复杂、愈难解决，主要是思想观念问题，即没有正确对待农民。计划经济年代城乡分割的二元结构体制和“以农补工”、“以乡养城”的国民收入分配格局，形成重工业轻农业、重城市轻农村、重市民轻农民的偏向，日积月累，积重难返，影响到各个方面、各个部门、各级干部的政策思想和政治行为。九十年代中期以来，一方面工业由于体制创新、科技创新，在市场化、城市化、信息化的带动下，正快速地向现代产业方向发展；另一方面超小规模分散经营的农业却很少得到改善，品质低、成本高、销售困难，使农业愈以成为国民经济中最弱质的产业。工农差距的扩大带来城乡差距、阶层差距、地区差距的扩大，最令人忧虑的是，这种扩大的趋势至今未能扭转。近年国家财政收入大有好转，但越到基层财政越是困难，乡镇和村这两级大都负债度日。金融机构从农村吸储多、放贷少，农村资金大量流向城市，农业和乡镇企事业贷款十分困难。大规模建设必然大规模征用农地，每年达500万亩之多，失地农民得到的补偿每亩只有1万～2万元，政府转手出让的价格却变为十几万元、几十万甚至几百万元，差价总数已超过了万亿元，引起农民严重不满，征地纠纷大量增加，若干改革实质是以新的计划经济形式去改革原来的计划经济的做法，这就必然增加管理人员，扩大干部队伍。基层干部队伍膨胀与干群矛盾加剧也就不可避免了。“农村真穷、农民真苦、农业真困难”可以说是个老问题，因为长期不能解决，已经变成很难解决的大问题，拖到现在，在城市经济、工业经济有了新发展的条件下，又变成小康建设的主要障碍、全局性的老大难问题了。

吴象同志在指出了农村实现小康的困难和障碍的同时，也提出了解决办法，他认为：解决这个老大难问题必须从根本上做起，改变思想观念，正确对待农民，统筹城乡社会经济发展，更多地关注农村、关心农民、支持农业，把解决好三农问题作为全党工作的重中之重，放在更加突出的位置。用市场经济的观点，进一步打破城乡界限，开放城市，让农民进城，改变城乡分割、各自发展的模式，发挥城市先进生产力和先进文化的扩散和辐射作用，形成城乡优势互补、分工合作和一、二、三产业联动的发展格局，实现城乡共同繁荣与进步。

费孝通教授说过一句话：“市场在哪里？在农民的口袋里。”这是很耐人寻味的。农民占全国人口的绝大多数，不能正确对待农民就谈不上代表最广大人民的根本利益，代表先进生产力和先进文化的发展方向也就成了空话。农民问题终始是中国革命和建设的根本性问题。农民问题的核心，过去是“土地问题”，当前是“就业问题”。只有扩大就业。大量农村剩余劳动力才有出路；只有扩大就业，农民的收入才能增加，口袋才能鼓起，购买力才能提高，市场容量才能扩大，从而促进整个国民经济走向良性循环。内需不足主要由于农民的购买力太低，有效需求不足，扩大内需的根本途径是扩大农民就业，使农民的口袋鼓起来。整个经济发展很快，工农差距、城乡差距却在扩大，这不符合社会主义市场经济的发展方向。当然，超小规模分散的农户经济是历史形成的，不能期望在短时间内改变，否则欲速则不达，会造成新的困难。但扭转差距继续扩大的趋势，实在是刻不容缓了。

三个概括很贴切

十六大宣布全国人民生活总体上已经达到小康水平，但又郑重指出当前的小康还是低水平的，不全面的，发展不平衡的。对于这三个概括，即低水平、不全面、不平衡。吴象同志认为非常恰当，非常实事求是，需要好好理解，认真把握，努力工作，通过扎扎实实努力，才能变低水平为中水平、高水平，变不全面为比较全面，变不平衡为比较平衡。

吴象同志说：改革开放以来，我国的国民经济快速、持续、稳定增长，2002 年 GDP 已经超过 10 万亿元大关，上到一个新的台阶，升为世界第 6 位。在波及全球的亚洲金融风暴中，仍然保持 8%上下的增长率，被称为一枝独秀。综合国力增强，国际地位提高，出现了北京、上海、广州、深圳等充满生机、日新月异的大都市，使那些对我们怀有敌意的人也不能不刮目相看。但是，千万不能忘记，我们是世界上人口最多的发展中国家。我们有 13 亿人口，某一项某一方面稍有发展，总量就非常可观，变为世界前列，甚至世界第一，但人均一算，仍然没有走出低水平。忘记这一点很容易沾沾自喜。在 GDP 总量达到世界第三位的时候，人均是第几位呢？如果现在人均收入 1 000 美元这个数字准确无误，也只是美国人均收入的 1/34，香港的 1/22，台湾省的 1/12。我想，只要脑子里有这些数字，是会给浮躁轻狂的情绪泼上点冷水的。

中国的不少农村还是很穷的，对此，吴象同志是深有感触的。他说：任何人只要下去走走，就会有深切的感受。县是城乡结合部，或者说城之尾乡之首。县城是全县政治、经济、文化中心，近年来大多有了新建设、新变化。新的马路、广场、高楼大厦、星级宾馆，随处可见，比比皆是，这当然是令人振奋的。但其中也有些属于形象工程、政绩工程，与当地经济发展水平并不相称，普通的干部、群众对此并不欢迎。稍住几天，不用调查也会听到，原来这个县发工资都有困难。去年见到一个材料，全国2 800多个县和县级行政单位，竟有一半左右不能按时足额发放工资。连广东这样沿海相当富裕的省份，也有22个县处境与此相同。至于乡镇和村最基层的这两级，大部分是举债度日。去年的债没有还今年又得再借，逐年积累数字惊人。安徽省青阳县（著名的旅游点九华山所在地）有19个乡镇、178个行政村，这两级欠债总数已达2.2亿元，2001年财政收入只有5 000多万元，不足债务总额的1/4，显然债还要继续往上累。这并非个别的特殊事例。在广大的中西部区，特别是山区、老区、边缘地区、少数民族地区，属于“吃饭财政”甚至在债务的泥坑中挣扎的地方，为数确实不少，已影响到行政机构的正常运转，最困难的地方甚至出现不出差、不办案、不打电话、放假回家的怪现象，但是有些任务上边催得很紧，比如计划生育、义务教育等，不办不行，减轻农民负担、增加农民收入怎么轮得到考虑呢？

在深入调查中，吴象同志发现，农村基层的债务，往往转化为对农民的索取、侵犯、剥夺，加重农民的负担，间接提高农产品的成本，加剧农村经济的恶性循环和城乡差别扩大的趋势。为了说清这个问题，吴象同志还算了几笔账：改革前的1978年，城乡人均收入之比为2.58∶1；改革初期的1982年变为1.82∶1，到1994年，又变为2.86∶1。此后扩大的趋势一直没有扭转，到2000年，农民人均纯收入2 256元，相当于城镇居民可支配收入的35.9％。他说，这是平面账，其中还有三个掩盖：一是收入万元以上的大户掩盖了千家万户；二是二、三产业的收入掩盖了农业的收入；三是东部沿海的高收入掩盖了中西部地区的低收入。事实上，这一年西部 12 个省、区、市，农民人均纯收入只有 1 615 元，为全国平均数的 72%，其中有 7 个省区还不足全国平均数的 2/3。全国有 7.8%的户收入为负增长。如果考虑到农民纯收入中约 30%～40%需用于生产性投入和市民享有的福利因素，则城乡居民的可比收入的真实比率应当不是 3∶1，而是 4—5∶1，到了令人不安的地步。现在全国城市的下岗工人和其他达不到小康水平的人口至少在1 000 万以上，靠社会保障过日子。农村达不到小康的人口比重要大得多，却基本上没有保障制度，在温饱线上下挣扎的在 3 600 万人以上，而且返贫现象严重。在城乡之间流动的农民工约 8 600 万到 1 亿，困难很多，基本权益得不到保护。据世界银行的报告，我国城乡居民收入差别之大，在当今世界上难以找到，是 40 个收入差距超过国际警戒线（基尼系数为 0.4）水平的国家之一。这已不是排位名次、面子上好看不好看的问题，而是关系到整个经济改革和发展的前途，不能不认真对待的隐忧了。

我想，全面建设小康是鼓舞人心的宏伟目标，有人会不赞成讲这些煞风景的话。但无奈这是客观事实。并不因为不讲就不存在，而且只指出了若干现象，远没有把问题的复杂性、严重性展开。农业、农村、农民这“三农”问题是一个问题的三个方面，实质是现代化建设进程中如何正确对待农民的问题，牵涉到经济体制、城乡结构、财政政策、金融政策、遏制腐败等各个方面，稍稍接触一点“三农”问题，就知道低水平、不全面、不平衡这三顶帽子一顶也少不了。没有农村的现代化，就没有中国的现代化；没有农民的小康，就没有中国的小康。

“三农”问题需要重视、需要研究、需要分析。毛主席一再强调，成绩要讲够，问题要讲透。可惜他老人家后来也是愿意听成绩，不喜欢听问题，甚至不允许讲问题，终于出了“文革”这样的大问题、大灾难，教训实在太沉重了。占全国人口70%的农民，名为国家的主人，实际没有得到国民待遇，长期以来对现代化作出了巨大贡献甚至牺牲，至今仍然受歧视、受排斥，正当利益不断受侵犯。应当是认真解决这个问题的时候了。

外出打工是农民奔小康的自我选择

什么是民工潮？吴象同志认为，农村出现大批剩余劳动力并向工业部门等非农产业转移，是我国工业化的必然结果。乡镇企业起步早、发展快的地区，当地的剩余劳力全部安排以后仍然感到不足，工资又较高，对内地许多农业区的剩余劳动力吸引很大。他们在当地找不到适当的岗位，便往城市、沿海寻找出路。因此，民工潮实际上反映了农民对劳动市场信息的一种反馈。从根本上说，民工潮是农民要求进一步增加收入，改善生活的历史潮流。

最初出现于80年代。进入90年代，农民工逐年增加，跨地区流动的趋势更为迅猛，全国民工总数已达8 000万以上。每年春节期间，铁路客运空前拥挤，引起普遍关注，对它的看法褒贬不一，议论纷纷。尽管党的十四大已经确定社会主义市场经济体制为改革的总目标，但人们仍然习惯于用计划经济时代的旧观念、老框框观察问题。对改革进程中适应市场需求的新事物往往看不惯。许多人坚持说农民应该在农村老老实实种地，离开土地跨地区求职就是盲流。有些人更抓住一些暂时现象横加指责，说什么民工潮加重了交通压力，加大了治安难度，扰乱了经济秩序，影响了社会稳定。好像民工潮是不祥之兆，仿佛听到“狼来了”的惊呼，深感不安和惶恐。

现在，八年多的时间过去了，民工潮一直在中华大地上涌动。全国处于城乡之间流动状态的农业人口已近1.3亿，相当于日本的总人口，其中常年外出务工经商的达 8 600 万。农民工大多数来自中西部比较贫困的地区，数量如此巨大，时间如此持久，可见绝不是盲目的、偶然的，而是亿万农民自觉的选择，受本身利益的驱使，出于奔小康的强烈愿望，符合历史发展的大趋势。实践证明，民工潮对推动中国实现工业化、现代化有重大的作用和贡献。

吴象同志根据他多年对农村问题的研究，得出的结论是：建设小康社会，重中之重是“三农”问题，难中之难是数以亿计的农村剩余劳动力如何就业、如何转向城镇、转向二、三产业。今年年初召开的全国农村工作会议，又从全面建设小康社会的战略高度，提出 19 条政策措施，进一步强调对民工潮要采取“公正对待、合理引导、完善管理、搞好服务”的方针。但是，全面建设小康社会任务艰巨，谈何容易，领导有了决心、有了政策，还必须十分重视调动社会各个方面的积极性，特别是亿万农民本身奔小康的积极性。民工潮就是这种积极性的集中表现，是全面建设小康社会进程中一支应当依靠的活力和潜力极大的劲旅。善待农民工，善于依靠和发挥农民自己的力量，种种长期积累的困难就会逐步缓解，甚至迎刃而解；封堵农民工，种种矛盾就会更加复杂化、尖锐化，必然拖住小康建设的后腿。为什么呢？因为：

一、民工潮是农民增收的主要渠道。当前农户经营农业的收入几乎是逐年减少，乡镇企业处于恢复性增长之中，暂时难以对农民增收做出更大的贡献。当前农民增收主要只能靠外出打工。“一人打工，全家脱贫”，“一户打工，带动全村”。记得好几年前，四川曾宣布全省农民工有 400 万人，总收入超过 200 亿元，是全省当年最大的一笔收入。2001 年国家的扶贫款是 305 亿元，而这一年全国农民工的劳务收入是 1 300 亿元。如果没有民工潮，农民怎么增收？

二、民工潮也是调整结构的双赢关键。当前城乡差距、地区差距扩大的趋势一直没有扭转，农民收入增长严重滞后，根源在于城乡分割的二元结构，出路在于对此进行战略性的结构调整。民工潮冲开城乡分割的壁垒，打通并拓宽了城乡之间、沿海发达地区与广大农区之间的通道，使劳动力这一最重要的生产要素得以顺畅流动并与其他要素优化组合，十分有利于输出地、输入地双方提高资源的利用效率，推动整个国民经济的增长。一方面，城市和沿海地区由于土地、比较雄厚的资本与大量廉价劳动力结合，大大降低了产品成本，从而得到更加迅猛发展，上了新的台阶，外向型经济更是如此。另一方面，内地农区输出的是剩余劳力，意味着农业资源较前相对增加，又陆续得到资本、技术、管理的注入，实行新的优化组合，可得到新的发展。这一点随着时间的推移会越来越明显。城乡地区差距是实现小康的最大障碍，通过民工潮，阻力变成最大的动力，出现了双赢的局面，实质是农民依靠自己的力量配合政府，对城乡二元结构进行大规模的战略调整。

三、民工潮又是培育人才的特殊学校。中国人口众多又人才缺乏，农村劳力过剩而素质偏低。农民工不仅具有农民能吃苦耐劳的特点，又有相对较高的文化，不安于贫困而敢想敢闯。据人口普查资料统计，农民工中初中文化程度的占 56.7%。他们没有城市户籍，处于不平等的竞争地位，要办理种种证件，交纳种种费用，干最累、最脏、最重的活，不断受到歧视和欺凌。但他们忍辱负重，迎难而上，屡挫屡进，终于成为现代化企业合格的工人。其中，有些更在优胜劣汰的市场竞争中脱颖而出，成长为技术人员、管理人员和企业家。他们是在实践中自学成才的，是在艰难处境磨砺中成才的，因此往往比正规学校中培养出来的人才更有解决实际问题的能力，更能适应市场的需求。不少人携带打工积聚下来的资金回到家乡创业。安徽无为县有 5 600 名

“打工仔”返乡创办起一千多家企业，产值超 1 000 万元的 14 家，安排当地 11 万多农民就业。民工潮又成了创业潮，如果善于引导，这个雪球将越滚越大，在农村城镇化建设中大显身手。

四、民工潮还是精神文明的传播大军。农民工进城打工，受到城市文明的熏陶，为了求生存、求发展，不得不刻苦学文化、学知识、学技术，改变原来农村的生活方式、价值观念、目标取向。他们立稳脚跟前，不可能在城市定居，家还在农村，承包地还由家属经营。每年往来于城乡之间，不仅带回打工的收入，同时也带回城市先进的文化以及新的生活方式和生活习惯，有助于精神文明的传播。

民工潮又是农民在实践中走前一步，已得到党中央充分的肯定、支持，并正在加以引导。结果如何，我们将怀着信心和喜悦拭目以待。

吴象同志通过不同方式，宣传他的这些观点，他还用许多调查得来的实事证实自己的观点，以极其朴素的行为表现出一位理论工作者和实际工作者相结合的品格。

附：吴象同志在黄山调研时的谈话要点

2004年12月下旬吴象同志到安徽黄山调研，先后参观考察了歙县、休宁、黟县、屯溪的乡村、学校、企业和部分旅游景点，召开了山区农民奔小康专题座谈会，听取了农村经济、旅游经济和徽商、徽文化研究方面的工作汇报。谦诚地谈了许多看法。

12月28日吴象同志冒着纷飞的瑞雪，认真考察了松萝有机茶开发有限公司、新安源迪贝曼茶业有限公司、休宁圣星竹业发展有限公司，当了解到休宁县年出口绿茶已超万吨，有机茶在国际国内市场很受欢迎，供不应求时。他高兴地说新安源有机茶这个品牌好，一定要叫响，还要维护好，开发好，发挥好品牌优势。茶叶是休宁也是黄山的一大优势产业，要用工业经济思想指导茶业经济，振兴茶业经济。当场就为新安源迪贝曼茶业有限公司题写："新安之源、希望之光、深山老林、受惠实在"。吴象同志意犹未尽，回到驻地，中午没有休息，又为该公司题诗一首："新安江源出名茶，黄山翠叶品味佳，普惠老农成大德，香飘四海天下夸。"

在休宁圣星竹业发展有限公司，认真看了企业生产加工，当听了公司总经理王小平介绍企业向农村延伸，说林农以竹园入股，公司租赁竹林，使农民成为第一车间工人的经营模式和运作方式时。吴象同志认为思路很好，值得探索，如果成功，对山区农民致富很有帮助，党委、政府要帮助引导，鼓励支持。并为企业书写了“圣星竹业、创造辉煌”的题词。

在考察屯溪金竹胶合板厂时，吴象同志对企业与农村建立稳定的毛竹及半成品营销队伍表示赞赏，认为这是龙头企业与千家万户紧密联系的桥梁和纽带，要认真总结，完善提高，形成利益共享的机制。

在休宁电器厂，看到深山中的现代化企业，吴象同志给予高度评价。当企业负责人王进丁汇报企业发展要进一步大胆创新，要在不对等的市场竞争中争一席之地时。吴象同志说就要有这种敢争一流的勇气。先进国家几大品牌汽车都有百年历史，我们才刚刚起步，要争一席之地就要用先进的信息产业带动和促进。当王进丁介绍目前企业发展主要靠网络信息的运用，产品研发在合肥和上海，加工生产在休宁，三地相距千里，但通过信息网络，企业运行犹如无墙车间时。吴象同志深有感触地说：黄山经济发展，要靠工业支撑，就要有更多这样靠信息带动、高科技含量的企业，要利用林、茶、竹资源兴办农产品深加工企业。要以信息化带动工业化，城镇化，促进旅游经济现代化。这个企业的实践证明，推动信息化，就能更好地打破大山阻碍，加速现代化进程。吴象同志还欣然为黄山汽车电器有限公司题词“黄山出俊鸟，挥洒徽文章，一江新安水，何时到钱塘。”字里行间饱含着对王进丁和企业的赞扬，对黄山经济早日融入钱塘大潮的热望。

在休宁职业高中，看到木工班学生学习业绩和就业去向明确，供不应求。吴象同志激动地连说三声“很好!”他说这就是陶行知的教育思想，这样的办学符合在市场经济条件下，社会对劳动力的需求，这样有技能的劳动者，个人有前途，社会受欢迎，成才一人，富裕一户。

当听到黄山市森林覆盖率由党的十一届三中全会前的37%，恢复到75.3%时，连声说“了不起!”特别是看到银装素裹的山林翠竹，优美景色时，吴象同志兴奋异常，连连赞叹“家乡确实太美了！”

在调研结束的时候，吴象同志集中谈了四点意见、两条建议：

（一）要重温邓小平同志视察黄山时的重要讲话，高度重视山区问题的研究，积极争取政策支持，促进山区农民致富奔小康。

二十五年前邓小平同志视察黄山时就提出了“要让一部分先富起来”，其实“让一部分先富起来”的理论就诞生在黄山，小平同志要求黄山人民要先富起来，这些年黄山有很大发展，但还没有先富起来。原因很多，山区的特殊性，城乡二元结构的体制性障碍。特别是听了陈灶福同志的发言，我才知道，不仅有一个城乡二元结构问题，农业经济内部还有一个山区与农区的二元结构问题，阻碍着山区经济发展。长期以来，山区农民贡献大，回报低，负担重的问题没有得到根本解决。粮食涨价，对粮农是福音，对林农、茶农是负担加重。木竹的税费金还有十多项，山区林农负担不轻。我这两天反复学习了邓小平同志视察黄山时的讲话，感到小平同志不仅提出“黄山先富起来”的要求，也指出先富起来的路子，那就是一要打好黄山牌，大力发展旅游经济。二要治山。把山作为最大的资本，保护好、开发好，发展多种经营，发展有山区特色的经济。当然加快山区发展，改变山区落后面貌，有些是自身努力问题，有些是体制性、政策性障碍问题。前者，市委、市政府正在努力解决，“443”行动计划就很好。后者不是地方能解决的，这要反映，要争取。建议市委、市政府组织力量认真研究，积极反映，主动争取，引起国家重视，给政策支持，让山区休养生息，恢复发展。

（二）全面建设小康社会，关键在农村。

中国问题很多，关键是“三农”问题，“三农”问题的关键又是城乡二元结构问题。陈灶福同志说得好，农业内部还有一个二元结构问题，山区地域辽阔，是江河湖海之源，森林是陆地生态的主体，林茶竹是山区民生之本。要从思想上解决忽视山区的问题，切实促进城乡统筹协调发展。

（三）要继承徽商优良传统，弘扬徽骆驼精神。

胡适老先生倡导“努力做徽骆驼”。我们徽州没有骆驼，这是他对徽商的赞誉，是对徽商吃苦耐劳，坚忍不拔，艰苦创业，诚实守信精神的肯定。我们徽商就是沿着新安江、阊江、清弋江走出大山，带着林茶等山货，闯荡市场，经商兴业。徽商很重义气，讲团结，全国不少城镇都有徽州会馆，徽州人到哪里，只要会讲徽州话，到了徽州会馆就能得到食住就业等方面的帮助。陆子修同志为黄山做了一件大好事，他近年来一直研究农村劳务经济，研究表明，徽商是农村劳务输出的“鼻祖”，我说徽商是否是劳务输出的“鼻祖”还有待进一步考证，但我们徽商至少是劳务输出的先行者，这是历史事实。徽州山清水秀，但人多地少，养不活这么多人，必须外出经商。是艰苦环境逼迫徽州人走出大山的，有句古话叫着“前世不修、生在徽州，十三、四岁往外一丢”。我的祖辈、父辈都有这样的经历。

徽商不仅像骆驼一样不畏风沙，吃苦耐劳，顽强拼搏，而且信奉儒学，重视文化教育，轻利重义，讲诚信，所以徽商又被誉称为儒商。是计划经济割断了徽商发展的历史，在市场经济条件下，新一代徽商传人正在兴起。我听说全市有 20 多万农村劳力外出务工，这是一件大好事，他们走出大山，不仅获得劳务收入，更重要的是开阔眼界，增长知识，有的还引进资金、项目，外出赚钱，回乡兴业。这是一种新的农村经济发展模式。现在有一种舆论，认为徽商“思想保守”、“小富即安”这是不对的，“思想保守、小富即安”是封建的小农经济的共同特征。徽骆驼精神，诚实守信是我们徽商精神的实质和精华所在，这个问题我们自己一定要研究，形成成果，引起领导重视。

(四) 关注徽学研究。

吴象同志说，徽学是黄山人的骄傲，徽学博大精深，内涵丰富。回良玉同志提出“做好徽文章”，非常正确，很有战略眼光。市委“443”行动计划明确要把黄山建成文化大市，这非常好。徽文化的研究，定位关系重大，要用科学态度，尊重它，研究它，学习它，继承它，弘扬它。有几个问题值得研究，一是徽商与徽文化的关系。古徽州是一个移民社会，许多中原的名门望族，为避乱隐居迁栖于此，带来了中原文化，吸取了中原文化的精华，伴随着徽商的兴盛，创造了徽文化的繁荣，徽文化又促进徽商的长盛不衰。这是否就是徽商与徽学的辩证关系？二是徽学（徽文化）与藏学、敦煌学齐名为“三大地方显学”的定位要研究。现在不少学者和地方官员都这么说，但都说不清是哪个学术团体、单位认定的，如果有国际、国内文化科研单位或哪次国际、国内文化学术论坛形成的共识和界定，这对于“做好徽文章”，打好徽文化这一品牌，意义非常重大。要组织力量认真研究，做好了，对黄山的发展，对子孙万代都是一大贡献。

我们黄山很了不起，一个地级市就有两处世界遗产地，黟县西递、宏村世界遗产地申报成功，市委、市政府，黟县县委、政府领导人功不可没，这是一笔了不起的财富，老百姓永久受益。市县领导有魄力，有胆识。我到过一些北方的古村落，他们的历史也很久远，建筑规模也大，特色也明显，但他们就没有想到申报世界遗产，现在觉醒已经很难了。所以两处遗产地一定要珍惜，要保护好、经营好。黄山现在条件改善了，交通方便了，发展旅游经济潜力很大，有几点需注意研究。一是旅游资源的保护。我们黄山市类似西递、宏村的古村落还有不少，很有特色，各具风格，这些都是我们的文化遗产，旅游资源。要在乡村建设中，超前规划，加以保护，毁坏了就是无可挽回的损失。二是旅游资源的整合。我们这里旅游景点很多，要科学设定旅游线路，适应不同游客需要。一日游、两日游、三日游，观光游、文化游、探险游、农家游，山上游、山下游、水上游等等。旅游线路就是旅游产品，也要包装，要促销。三是解放思想、放活旅游经济。要允许、鼓励，支持多种途径、多种所有制、多种形式，多种经营方式兴办旅游企业，壮大旅游营销队伍，提高素质，拓展国际国内旅游市场。首先要放活旅游经济，在放活的基础上规范旅游市场。四是重视旅游文化建设。旅游经济是文化内涵丰富、消费层次高的综合经济。景观优美、服务文明、娱乐健康是游客的消费需求。我们黄山自然景观与人文景观交相辉映，如此和谐，世上绝无仅有，比瑞士强多了，我祝愿黄山旅游经济高速发展，早日把黄山建成东方瑞士。

两点建议是：

一是建议市委、市政府就山区经济发展的特殊性和存在的突出问题，要专题研究及时反映，争取中央和国务院的重视。他表示愿意为家乡尽绵薄之力。二是建议市县党委、政府要建立劳务经济组织，为农村劳力有序输出提供组织、教育、法律、信息和维权服务。

（项金如整理）

陆子修 甘为“三农”谋与呼

◎庞振月　许锡照

陆子修倾注于“三农”问题的探索，几十年如一日，孜孜不倦、殚精竭虑、身体力行，常有独到见解和惊人举措，这在安徽是为很多人推崇和称道的。

陆子修同志曾长期在安徽担任县、地领导工作，调省后任省人大副主任，仍分管农业。1998 年春从省八届人大常委副主任岗位上退下来以后，以“老骥伏枥，志在千里”的气度继续投身和执著于“三农”问题，尤其是农民增收、减负、农民工权益保护等“热点”问题的探索、研究，并且能够从理论与实践的结合上，不断有所发现、有所前进、有所突破，这实在是不容易做到的。对此，社会各界也有公论。人民日报《华东新闻》版 2005

年2月4日就陆子修的“三农”情结几乎用了一整版篇幅，作了“特别报道”。文中写道：“看到刚颁布的2005年中央一号文件，陆子修很高兴。就在去年年底，在陆子修参与的《安徽2 070户农民的问卷调查报告》中，他们还呼吁：应该像80年代一样，中央再连发几个一号文件，真正把农民放在重中之重地位，在硬投入上，一年解决一两个症结问题，建设全面小康社会就有希望了。”在陆子修的身上，人们可以看到了一个理想主义者的精神境界，一种对自己信念、理想的不懈追求和坚守。他从为农民大包干鼓与呼，直到今天为农民减负锲而不舍地深入调查，历时几十年，不管时代如何变迁，不管为官还是为民，他坚守着讲真话，坚守着人民利益大于天。

他特别看重的是如何解决现实中的实际问题，把寻求实际问题的解决作为研究工作的出发点和归宿点。1997年10月，陆子修所著《“三农”论衡》一书，由人民出版社出版发行。他致力于“三农”问题研究的著作还有《农村改革哲学考思》（上海人民出版社）、《农村问题答案不在农村》（安徽人民出版社）、《第三次解放农民》（安徽人民出版社）、《建设农村全面小康社会与农民就业增收》等。读过陆子修《“三农”论衡》一书的安徽省社会科学院的一位研究员曾对该书做过这样的评价：“书中的不少立论，大都以实践经验为基础、为起点，表现出作者长期从事农村实际工作的职业特点。书中的每个观点，甚至每句话，都紧紧围绕着这样一个理论中心：新时期的中国农村如何进一步改革、开放，加快农业经济的发展，使农民生活尽快达到小康。在对于农业、农村、农民这‘三农’的论述中，他始终以农民的利害得失为价值取向、衡量标准。肯定、赞扬我国‘三农’事业的发展及伟大成就是该书的主旋律；但同时也不乏对于矛盾的揭示和问题的提出，颇有点说长道短之意。该书的宗旨，集中到一点，就是试图在更高的层面上，从理论与实践的结合上，为寻求改变、提高农民物质和精神生活的最佳途径做出新的探索；同时，也是对农民伟大创造精神的理论性升华。”

一

1998 年 8 月份，组织上安排他到省政府建在岳西县石关乡的干休所避暑。他携带着一箱子文史名著，准备系统地读一点书，充实自己。早就在石关避暑的年近 90 高龄的省委老书记李世农和年近八旬的老省长胡坦见到陆子修，诧异地问：“小陆，你怎么鸭子跟鹅混，跑到这里来了？”陆子修说：“我的任职年龄到限，已经退休。”这两位老领导是从淮南抗日根据地走出来的，陆子修当年还只是个儿童团员。两位老领导语重心长地对陆子修说：“你还年轻，职务退了，精神不能退。你对‘三农’早有研究，‘三农’是个大题目，现在刚刚破题，文章应当继续做下去。最近，当地不少农民来干休所上访，说扶贫是‘扶干’，没有得到什么好处。究竟是怎么一回事，你去听一听农民的意见。”两老的告诫与嘱托，使陆子修深受感触。第二天，陆子修就着手对石关乡进行调查。

岳西县是一个贫困县，石关乡是岳西县的重点贫困乡之一。这里山高叠嶂，河谷幽深，间有山冲和盆地，平均海拔 800 米，最高海拔达 1 200 米。陆子修顶酷暑、冒烈日，徒步跋涉，翻山越岭，先后到石关、欧坂、伏龙三个村 14 个组（队），微服私访了 50 户农民，并写出了《岳西石关 50 户调查》。在这份调查中，陆子修着重描述和分析了山区农户生产现状与生活环境、基层的呼声与要求，在此基础上，提出了自己的思考和建议。陆在建议中写道：石关在气候条件上，同平原、丘陵比，尽管春季气温回升慢，秋季寒露来得早，冬季冰天雪地时间长，但有一个得天独厚的优越条件，夏季昼夜温差大，最适宜发展高效农业。酷暑炎夏，这里是个风凉世界，鸟语花香，气候宜人，是旅游避暑胜地。石关还是一块红色革命根据地，是具有光荣革命传统的老区。境内，有不少的古迹、古庙、清泉瀑布等旅游资源等待开发。据此，陆建议省、市有关部门把石关乡作为跨世纪的改革开放试验区，作为扶贫攻坚、脱贫致富奔小康的示范乡，给政策、理路子、上项目，突破现行条条框框，让他们有相当的自主权。陆还建议省、市、县有关部门对石关乡作重点帮扶，实现扶贫攻坚战的目标。

陆子修的这份《岳西石关50户调查》，送到省、市、县领导机关后，引起强烈反响。省委、省政府主要领导同志都作了重要批示，不仅对报告中的建议予以肯定，而且要求有关部门研办。省政府《扶贫开发》对这份调查加按语印发全省，上报中央有关部门，按语指出：“陆子修同志作为一个高级领导干部，虽然离职休养了，但仍心系山区脱贫，惦记和关心贫困群众的生活疾苦，值得提倡和称赞。我们将根据陆子修同志的建议，认真研究解决扶贫中的问题。”岳西县委、安庆市委也把这份调查转发到基层，对改进扶贫攻坚工作提出了新的意见、要求。2004年8月，陆子修又到岳西石关避暑，看到面貌大变，调查的50户有23户盖了楼房，12户盖了瓦房，生活条件大大改善，开始走向富裕，其余农户基本上脱贫。听到农民称赞党和政府实行好政策的笑声，陆子修十分欣慰。

二

陆子修从石关调查回合肥不久，就接到中央财经领导小组办公室通知，要他出席中央领导同志于1998年9月召开的一个农村工作座谈会。他立马去淮南、淮北、皖东等地开展调查，向基层干部和农民问计，从而形成了《农村改革20年的回顾与展望》发言稿。从调查中，他得出了如下认识：“从1979年算起，我国的农村改革已历时20年。深刻的农村大变革，有力地推动了各项事业的蓬勃发展，其成就之巨大为举世公认。目前正处于世纪之交。在下一个20年的历史时期，加快实现农业现代化，千方百计增加农民收入，建设富裕、民主、文明的社会主义新农村，将成为农村工作的中心课题。”从这一基本认识出发，他在发言中，首先回顾了农村改革与发展的历史过程，概括地总结了基本经验与教训，然后提出了今后发展的基本思路：深化农村改革，重新构架农村各种经济实体、各种经济组合形式和经营方式，大力加强农村市场体系建设；稳定地提高农民收入，合理调整工农、城乡、东中西部，以及国家、集体、农民间的利益关系，强调要彻底摈弃重工轻农、重城轻乡、重东部轻中西部的倾向，打破传统的工农城乡二元结构，加大工业反哺农业和工农业产品等价交换的力度，尽快落实财政转移支持制度，同时要切实减轻农民负担，保护农民的合法权益；大力推进基层政治体制改革和民主法制建设，对乡镇政府实行新的职能定位，使现在乡镇的职能从“无所不管”转变为主要承担社会管理者的职能，认真实施依法治乡（镇），同时进一步完善村民自治制度和村务公开制度。并提出一些具体政策建议。

陆子修的这个发言，受到与会中央领导同志的重视。

1999年6月中央领导同志在北京召开座谈会。陆子修以《增加农民收入与保持农村稳定》为题作了发言，主要内容是：(1)认识农村形势要有新的视角。强调对农村当前形势要有清醒的、理性的判断。从安徽情况看，近年来农民收入增幅越来越小，增收越来越艰难，农民富裕程度还不高。有的同志被少数好典型、“闪光点”所误导，不甚了解面上的真实情况，以为农业和农村问题已经解决得差不多了，对农民的富裕程度估计过高，对解决农村问题的艰巨性和长期性认识不足，对影响农村改革与发展的深层次问题和矛盾研究不够。现在农村经济与整个国民经济的关系已日益紧密，不能孤立地看待农业和农村问题，必须把"三农"放到整个国民经济的大系统中去统筹规划，使农村经济发展与整个宏观大环境相协调。(2) 对农业的支持保护要有新措施。要在增强农业的综合生产能力和自我发展能力方面，给以强有力的政策保护。应突出保护农业大省（县）。(3) 调整农村经济结构要有新的思路。应坚持以市场为导向，加大科技的含量。特别要千方百计提高农民素质，开发、利用农村劳动力资源，变"包袱"为财富。(4) 减轻农民负担要有新要求。农民负担为何居高不下，主要是隐性负担加重，各种形式的集资摊派和搭车收费过多、过乱、过重，"税"少、"费"多，"赋"轻"捐"重。农民中流传着"头税（农业税）轻，二税（三提五统）重，三税（多种集资、乱收费等）是个无底洞"的说法。问题出在下面，但源头在上面：多种达标升级活动，"钓鱼"工程，负担最终落在乡镇和农民头上。因此，要抓紧研究农村税费改革的治本之策，尽可能把税费管理纳入法制化、规范化轨道，从根本上杜绝农民的不合理负担。陆在谈到这个问题时，在会上大为动情地呼吁道："生之者寡，食之者众"的情况早该结束了，要正确估价农民的承受力，不能再干"竭泽而渔"的蠢事了。(5) 加强农村基层组织建设要有新进展。目前，党群关系、干群关系远不如从前，一些农民对党的感情有所淡化，干群关系紧张，其原因是党和政府对农民取多予少。在一些基层，"新五风"（即吃喝风、浮夸风、飘浮风、送礼风、负担风）盛行，治吏不严，治党不严，党纪、政纪、法纪失之于宽，政令不畅，部门利益化，执行政策各取所需等等，均为群众不满。这些，应通过加强农村基层组织建设尽快解决。(6) 政府部门指导农村工作要有新方法。强调要按照市场经济规律指导农村工作，要把握农民思想脉搏，做好农村工作。经过改革与发展，现在农民的思想观念发生了很大变化，市场观念、主体观念、法制观念比过去显著增强。在这样一批新型农民面前，如何学会依法同农民打交道，是摆在各级领导干部面前的一个新课题。

陆子修的这个发言，同样受到与会中央领导同志的重视。

2000 年上半年，中央发出 7 号文件，决定开展农村税费改革试点工作。安徽是率先试点省份之一。这年 6 月 15 日上午，中央有关领导同志在芜湖出席安徽省委部署全省农村税费改革动员大会作报告之前，邀约孟富林（省人大主任）、陆子修两同志座谈。陆子修以“改革农村税费，重在休养生息”为题，讲了自己的看法。重点讲了七个问题：（1）深刻领会中央 7 号文件精神，从理论和实践的结合上搞清楚中央提出在农村实行休养生息政策的重要性和紧迫性。他联系我国历史，讲了历代开明王朝治国安邦的政策取向，都是在农村实行休养生息的政策。也讲了我党在执政前和执政后不同时期的有关经验教训，还对比了俄罗斯普京上台以来实行的农业政策，以资启迪。（2）严格按照中央的政策规定，层层落实农村税费改革方案。着重指出执行中央 7 号文件后，会造成县乡财力下降，应当怎么应对。（3）把握税收政策杠杆，促进农村产业结构的战略性调整。（4）精兵简政，保证基层政权高效运转，维护社会稳定。（5）高度重视乡村债务问题。陆谈到他在一个 40 万人口的县调查，该县负债 1.5 亿元，其中县、乡（镇）、村大体上各占 1/3。这给经济发展、社会稳定带来很大影响，也给农村税费改革造成很大困难。陆提出了一些解决办法。（6）实行依法治税，确保改革成功。（7）必须建立强有力的监督机制。特别要严防用“小红头”（地方文件）抵制“大红头”（中央文件）。孟富林、陆子修的发言稿，省委作为会议文件印发与会同志参阅。经过几年实践，验证了其正确性。

2003 年 5 月，陆子修不顾非典疫情开始发生的危险，针对近年来县乡财政困难状况到湖北省的京山县、长阳县、保康县，江西省的永修县、婺源县，安徽省的休宁县、来安县、凤阳县、五河县、长丰县等10县进行了专题调研，重点研析了造成基层财政困难加剧的财政体制性因素。9月1日，他根据调研的情况，从财政体制及财政、政府相关体制配套改革的角度，就如何进行配套改革，如何调整政府体制和省以下财政体制，撰写了《从完善财政体制入手，寻求县乡财政解困的治本之策》的调查报告，呈报中央财经领导小组办公室和国务院主要领导同志。国家财政部预算司给陆子修复信说："您撰写的报告温家宝总理批转我部后，部领导高度重视，责成我司组织力量进行分析。您的报告所反映的县乡财政困难是客观的，对成因的分析是准确的，对策建议也很有见地，对深化财政改革，完善财政体制，缓解县乡财政困难，具有一定的参考价值。"

三

2001年2月间，中央在安徽合肥召开全国省、市负责同志会议，总结推广安徽税费改革试点工作经验。会前，中央领导同志主持召开安徽省委、省政府税费改革汇报座谈会时，通知陆子修参加。陆根据对合肥、滁州、巢湖等地调研材料，对一年来税费改革后出现的新情况、新矛盾，在会上谈了意见，反映了农村基层干部的思想动向。不少基层干部说，过去是头税轻、二税重，三税是个无底洞；现在，"无底洞"堵住了，但乡镇财政包干基数的泡沫成分显现了，日子没法过了。我们现在是"三难"、"三怕"。"三难"是：一曰税费收取难。原因是纳税户有"四多"；一是外出务工户多（户主走了，收不到钱），占15%；二是躲计划生育多；三是困难户多，与前一多合计约占8%；四是难缠户、困难户多，占7%。对这30%户的税金征收问题，是要花力气的。二曰兑现难。由于实施方案的征收总额有限，加上收不上来的缺口，几个方面支出难于平衡，难于按分配方案兑现。三曰税收方案落实到户难。既有工作量问题，又有历史遗留问题，过去政策不到位问题，各种矛盾凸现出来，使工作很难推进。"三怕"是：一怕来人接待，没有经费开支；二怕上门要债，乡村都负债，不少属欠私人高利贷；三怕上级还再要求搞达标工程，搞形式主义，搞花架子"政绩"，敢怒不敢言，难于承受多方面压力。对如何严防农民负担反弹，陆提出了五条政策建议。陆在汇报发言中，对国家调整和完善重要宏观政策提出了两项建议：一、改变粮食风险金使用办法，对农民实行粮食价外直接补贴政策；二、财政体制要适应农村税费改革的变化，作相应调整。

2003年10月，陆子修经过系统调查研究，提出了农民是弱势群体，农业是弱势产业，农村是弱势领域的"三弱"论断，并且认为这种形势多年来没有多大改变。根源在于计划经济时代形成的"以农补工"、"以乡养城"的格局没有根本改变，工农产品价格剪刀差、财政收支差、金融投放差、土地出让价格差、城乡居民收入结构差、城乡居民负担差依然存在。中央提出对农村要"少取、多予、搞活"的方针是正确的，但落实不够。"三农"问题的关键是让农民增收。为此，陆子修同志还写《促进农民增收要析》和《钱进人出》两篇调查报告。他所说的"钱进"，就是要引导城市资本进入农业、农村，各级财政也要加大对农业的投入，鼓励和支持工商企业资本、民间资本、发达地区资本向农产区，中西部地区投入；所谓"人出"就是引导农村富余劳力向农外转移。在中央召开的征求对2004年农村工作意见的座谈会上，陆子修同志又特别就耕地保护、粮食安全、农民增收问题谈了自己的意见。老陆的许多意见都被中央采纳。有些意见当场得到中央领导同志肯定。认为他调查深入，言之有据。

2004 年六七月间，陆子修组织一个课题组对安徽 2 070 户农民收入和土地承包情况，进行了一次问卷调查。范围涉及 15 个市、60 个县（区）、219 个乡（镇）、579 个村。最后形成了向中央领导同志报送的"调查解析和政策建议报告"。

四

陆子修是中国农村劳动力资源开发研究会副会长、安徽省城乡劳动力资源开发研究会会长。他依靠和团结一大批老同志和专家、学者，从 1992 年 3 月就致力于"人力资本"研究，写了多篇调研报告、理论文章，许多报刊予以刊载。《推进安徽省农村劳动力资源开发的思路和对策建议》一文，全国人大农业与农村委员会在《人大农业与农村工作》加编者按转发。在对农民工问题的研究上，有如下五个突出特点：

一是为"民工潮"正名和讴歌。"民工潮"一词在相当长时间内，在许多人的思想观念中，是作为贬义词理解的，看它的负面影响较多，对它的积极作用、深远意见认识不清。针对这种情况，陆子修以安徽城乡劳动力资源开发研究会为依托，邀请省委宣传部、省电视台有关理论工作者和电视编导摄影等专业人员参加。经过较长时间的艰苦努力，最终于 2003 年完成一部题为《中国民工潮》的五集理论电视片。该片在中央电视台播放后，引起很大反响，特别是在农村和农民工较多的沿海城市群，产生轰动效应。2004 年，这部理论电视片被国家广电总局授予电影电视片一等奖。与这个理论电视片相呼应，陆子修还写了《中国"民工潮"透视》一文，从理论和实践的结合上，进行了论证和剖析。

二是率先提出把农村剩余劳力有组织有秩序地输出到外地打

工，应作为一个大产业去抓，并建议定名为“劳务经济”。这个概念刚一提出时，在安徽曾一度引起较大争议。有的认为，素质高一点的劳动力都向外跑了，剩下老弱残疾在家，这样本地经济会更加落后。后来实践证明，在安徽这样经济欠发达地区，不搞劳务输出，农民就业增收问题将更加严重。近几年，安徽每年外出打工的劳力约在 1 000 万人左右，挣回的收入高达几百亿元，许多地方农民外出打工收入已占到年纯收入的1/3以上。

三是力倡推进“凤还巢”工程。所谓“凤还巢”，是指那些外出打工人员在外地经风雨、见世面，练就了一身闯荡市场经济大潮的本领，许多人在外地创业有成，然后再返回家乡创办各类各式企业，为振兴家乡建功立业。在这方面最早提出、最有成效的是无为县。陆子修多次前往考察，总结经验，向省委省政府建议推广这种“凤还巢”工程模式。目前安徽“凤还巢”，正在出现“星火燎原”之势。

四是提出“第三次解放农民”。陆子修论述道：农民的第一次解放是土地改革，是把农民从封建的土地所有制上解放出来；第二次解放是 1979 年以后实行家庭联产承包，开始把农民从计划经济体制下解放出来；现在面临第三次解放，就是深化体制改革，根除计划经济体制的弊病，建立和形成新的社会主义市场经济体制，让农民在社会主义大市场的海洋里放开手脚发展商品经济，推动我国农村劳动力伟大的战略转移，让农民大举向二、三产业转移，向城镇转移，向一切商品经济领域转移，拓展一条“农民变市民”的金色大道。从 2002 年开始，陆子修组织和带领安徽省城乡劳动力资源开发研究会的一批人员，深入各地调查，集中研究这个问题。2003 年底，陆子修将这些研究成果编辑成《第三次解放农民》一书，正式出版。

五是除注重从宏观理论上政策上的研究以外，在力所能及的情况下，尽可能促成一些具体实际问题的解决。例如 1998 年、1999 年他先后去广东、新疆、甘肃、黑龙江、吉林、四川等省区考察，凡遇有可供安徽借鉴的具有实际操作的经验和做法，总是立即提请省委省政府注意效仿、采用，以资推动安徽的劳务经济。安徽原来没有统管外出农民工的领导和协调机构，陆到四川听他们介绍省里成立了专门领导小组抓这项工作比较高效、有力，回来后即向省政府汇报，建议效仿，被当时的安徽省长许仲林采纳。陆在新疆考察，听说那里每年采摘棉花需要大批劳力，而且报酬较高，回来后即与阜阳、宿州等市联系，组织了大批农村剩余劳动力前往摘棉花，有的县同铁路、公路部门联系，定期开出专列，送农民前往。陆去南方和沿海省市，每到一地，都要去看望、走访在那里的安徽农民工。遇有农民工在生产生活和维护自身合法权益上的突出急难问题，凡能提供帮助的，尽可能伸出援助之手。有一次在广东惠州市，遇到安徽宿松县一位农民工向他哭诉：家中父母死了，生活很困难，他同老婆一起来广东打工，老婆被厂长奸污了，工资长期拿不到，申告无门。陆听后心情沉重，当即设法向惠州市政府打了热线电话，在惠州市政府干预下，问题得到解决。2004 年春天的一个傍晚，陆子修和夫人一起去合肥环城路一带散步，碰到一批勤工俭学的学生，都是从农村来的，大约有 30 多人，在合肥某企业打工，领不到工资，要钱还挨厂里“黑衣队”殴打，正露宿野外，无钱吃饭，连水也喝不上。陆叫夫人把口袋里的钱全都给了他们，解决临时吃饭问题，随后设法与《新安晚报》联系，请他们从舆论上支持。结果，第二天《新安晚报》披露此事，并连续追踪报道，引起了社会普遍关注，使问题得到解决。陆子修逢年过节还经常到农村走一走，和一些外出打工农民取得联系，建立感情，以便拓展更加直接可靠的调研信息渠道。如在肥东县梁园，他结识了一位外出打工农民，陆看到他们家生活较困难，又适逢儿子结婚，便送上

500 元钱贺礼，和他们合影留念，从而建立了友谊，表现了一位老党员的爱民之心。

五

“问渠那得清如许，为有源头活水来。”陆子修对“三农”的执著和坚毅，对农民的浓浓深情，其“源头活水”何在呢？让我们听听他的自我解说。

陆子修说：我生长在农村，参加工作半个多世纪来，无论从事理论、新闻、政策研究工作，还是党政领导工作，始终未脱离一个“农”字。从土地改革、农业合作化、人民公社化，到十一届三中全会以来的农村改革，建国以来“三农”工作的全过程都经历了。实践启发并吸引我对这些问题的不断研究和探索。我对“三农”确实有刻骨铭心的特殊感情。

陆子修 20 岁出头时在安徽滁州《来安报》当记者，24 岁当总编，正赶上 1958 年的“三面红旗”时期。每谈到这段经历，陆子修就心情沉重地说：“我当过记者，鼓吹过浮夸风，那是毕生难忘的一课。”

1958 年“大跃进”过后不久，农村中就普遍出现了“饿、病、逃、荒、死”现象。在那场大饥荒中，陆子修好几个亲人都饿死了。这在他心灵深处造成了重重的创伤。他为失去亲人而悲伤，更为自己在担任记者期间盲目跟着搞浮夸报道而悔恨！

1961 年，陆子修被抽调去参加反“五风”工作队，下乡听老百姓“揭盖子”，听到了更多的惨痛故事。

陆子修说：我不是从文件中，而是从农民口中，知道我们在工作中犯大错误了。老百姓诉说苦难，说的最多的就是那几年自己曾参与过的事。这教训太大、太沉重了。这一教训，深刻地影响了我的一生。从那时起，我就开始确立和坚定了一个信念：一定要相信群众，重视到群众中和群众亲密接触，打成一片，和群众心连心，这样才能真正听到群众的心里话，才能真正调查了解和掌握到实际情况。我到农民群众中去的次数和时间越多，同农民的感情就越深厚。我就是这样在自责中逐渐培养和加深同农民群众感情的。

1998 年，是中国农村改革 20 周年。陆子修在皖东地区，作为参加改革发端地区的排头兵之一，禁不住心潮澎湃，思绪万千。这年 9 月 20 日，他写了一篇《与农民风雨同行》的纪念文章，在安徽日报刊出。他在这篇文章中，进一步阐释了他对“三农”的绵绵情怀。他说：我参加工作后，一直以农业、农村、农民为服务对象。我由一个普通的党的宣传、理论干部成为地、省级领导；从教农民识字、扫盲开始，逐步成为农民致富奔小康、搞农业现代化的谋划者、实施者。助我成长的主要原因：一是党的路线、政策指引；二是农民勤劳淳朴思想感情的影响，艰苦坎坷农村环境的磨炼。长期的实践教育了我、启示了我：要摸清实情、说实话、办实事，一切从实际出发，把党的路线、政策落实在农民的心坎上、行动中，转化为改天换地的创造力。

陆子修的自我解说是符合实际的，绝不是自我标榜。因为实践摆在那里，是能够让人看见并真切感受到的。我们也坚信：他对“三农”激情的“源头活水”，将是源源不断的，是不会枯竭的。陆子修将继续为“三农”谋与呼。

老农情怀

——说说我的“一号”朋友 吴镕

◎ 姬业成

一次在北京人民大会堂开会，有人向吴镕索要名片，吴镕从兜里掏出一张名片，上面只写“老农吴镕”，别的什么职衔都没写。

德高望重的杜润生看到后很高兴地说：这很好，老农的传统不能丢。

其实，吴镕的头衔很多，曾长期担任中共江苏省委农村工作部长，后任南通市委书记、省政协秘书长。就是离休后，也仍然担任中国农村劳动力资源开发研究会副会长、江苏省老区开发促进会顾问、农经学会顾问、南京华夏老年大学校长等社会职务。

不过，他的主要精力仍是放在对“三农”问题的研究上。

用吴镕同志自己的话说：“老农”二字最能反映我的本质、我的情结。我这一生主要是搞农村工作，和农民打交道，对“三农”有永远割舍不断的情怀。

就在最近，吴镕同志又在电话上向我转达了他和另一位与他同样具有老农情结的老同志在一起立下的誓言：永远都不农转非。他说，作为一个老干部，他希望中国有越来越多的农民当工人、进城市，实现农转非，但他自己则要为“三农”问题奋斗终生，永远当“老农”，决不农转非。

我和吴镕是几十年的老朋友了。他在江苏，我在北京，怎么成了朋友呢？有人戏称我俩是“一号朋友”。因为我们是在八十年代初搞农村改革一号文件时认识的，以后又因为连续几年都搞一号文件，我们也就有机会每年都在一起呆几个月。我是从河南调到北京的，并曾多年在中央农村政策研究室工作，那段时间，每年搞一号文件时都参加作一些具体工作。主持中央农村政策研究室工作的杜润生同志很注意吸收在地方上工作的同志参加文件起草工作，其他省常有轮换，而吴镕则是每年都来参加的，一是因为他所在的江苏省属发达地区，在农村改革和农村经济发展方面常常走得比较靠前，确有许多新问题、新经验；二是吴镕同志个人思想解放，实事求是，调查研究做得比较深入，掌握大量信息，且敢讲真话，言之有据，又很勤奋，能说能写，深得杜润生同志赏识。

与吴镕同志一样，每年都来参与文件起草和讨论的还有时任广东省革委会副主任的杜瑞芝、山西省革委会副主任的霍泛和四川省农委主任赵文欣。因此，人们称他们四人为南杜北霍东吴西赵。

我作为文件组的工作人员与吴镕打交道最多，我去江苏调查也是吴镕同志全程陪同，他如师如兄、谦虚谨慎，给了我不少帮助。以至我们两个离退休后仍保持着密切联系，常来常往，共同关心“三农”问题，一起开会，一起写作，并与余国耀同志一起，在张根生同志组织下，三人共同完成了《中国农村改革决策纪实》（即5个中央一号文件的制定过程）一书的编写工作，使我俩这对因搞一号文件而结成的朋友，再写续篇，成了终生朋友。很荣幸，这本书在2004年被中国农村发展研究基金会评了个一等奖。2004年10月18日我们共同在人民大会堂参加了颁奖仪式。

吴镕同志心地坦荡，不遮不掩，但又为人宽厚随和，很善于与人商量。在讨论研究问题时，既不隐瞒自己观点，又善于吸取别人意见，不强加于人，是个容易合作共事的人。在任何场合，他都能做到既不沉默，又不张扬，很能把握好度，并能恰如其分地处理问题。而这一点正是我的不足，沉不住气，容易激动。我从他身上学到不少东西，要说是良师，他可能不接受，会说我是过分捧他，但要说是益友，则毫不过分。几十年来，我交了许多朋友，其中益友不少，老吴就是其中之一。而且俩人谊如清水，不含杂质，没有半点庸俗市侩因子介入。每年他从江苏到北京来，一般都要给我带一包新鲜茶叶，而我给他的则是从河南山区捎来的小杂粮之类。我们笑称，这是两省农民的交流，他想让我喝上江苏农民种的新茶，我想让他吃上河南农民生产的杂粮。

不论是见面，还是通电话，谈的几乎全是“三农”问题，交流信息，切磋观点。

长期的农村工作，使吴镕养成了一种良好的思维方式，遇事总爱由表及里，由点及面进行分析，既善于通过个例将问题讲得生动具体，使人留下深刻的印象；又善于通过抽象概括，揭示问题的本质，使人认识其普遍意义。记得在江苏调查时，他为了向我说明极左路线盛行时江苏农村家庭副业也受到毁灭性打击时，就举了一个例子：扬中县全县只剩下6只鸡。因为农民养鸡也被当作资本主义尾巴割掉了。这件事我至今仍记忆犹新，而且很想知道这留下的 6 只鸡为何如此命大，是什么权威保护了它们的生命，免于一死，也许这 6 只鸡就成了后来该县养鸡事业重新得到恢复发展的祖宗功臣，它们也活得好险啊。

从 1983 年起江苏普遍实行市领导县体制，但县被市管了之后，市里主要精力是抓工业、城建，忽视对农业的领导。我到江苏调查，吴镕同志说：市管县变成了市刮县，把县里的钱都拿到城市盖大楼了。有一个市管了周围好几个县，却只分工由一位副市长抓农业。因为这位副市长姓王，人们就说“市管县变成了王管县，王管县只一半，因为他同时还分管商业，只有一半时间抓农业。”这个例子太深刻了，我回到北京在一次汇报会上转述了吴镕的话，一位领导当场指定让我就此写一文章在《红旗》杂志（后改为《求是》）发表。

还有一次全国农村工作会议开会期间，讨论商品流通，吴镕主张放活农民长途贩运，如不让农民贩运，国营商业部门只能将鸡子就地收购宰杀、冷冻，然后再运到城市，城里人吃不到活鸡。并举出苏北农民用各种运输工具向江南运活鸡，他将此现象概括为“百万雄鸡下江南”，使人立即感到鲜活农产品进城的必要。《经济日报》当即让他就此写一评论，在报上发表，推动鲜活农产品流通改革。

江苏农村重视发展二、三产业，又不放松农业的经验，被概括为“无农不稳，无工不富，无商不活”，这个信息也是通过吴镕带到全国农村工作会议上，并广为流传的。江苏农民在办工业时所体现出的“跑遍千山万水，想尽千方百计，吃尽千辛万苦，说尽千言万语”的“四千四万”精神，也是经由吴镕的口、笔广为流传的。1985 年全国粮食在 1984 年达到高峰后略有减产。这时有人对“无工不富”的话发生怀疑，认为粮食产量下降是因为“无工不富”的口号盖过了农业。吴镕当即著文阐述这三句话的辩证关系，认为“无工不富”不能动摇。后来中央领导同志表态，说“不要争了，这三句话是正确的，我们这几年不就是这么走过来的吗”。有一段时间有人提出要在农村反对什么“资产阶级自由化”，吴镕感到不对头，立即写信向北京有关领导同志反映，受到领导同志高度重视，并立即采取措施制止。后来还在中央文件上明文规定：“在农村不搞反对资产阶级自由化，不搞反精神污染”。

吴镕经常写些小文章，大都七八百字，短的二三百字，但却尖锐泼辣，好读好记，颇受欢迎。我称这是“忙人文学”，因为都是忙人写的，没有那么多时间长篇大论，又是给忙人看的，会前午后，一会看完，但影响力并不小，他的《村头闲话》就很适合农村基层干部的口味。2005 年 4 月的《名镇世界》杂志请吴镕同志给杂志写篇文章，他就写了一篇《化·市·城》短文章，虽然只有 700 字，却见理见事、寓意深刻，因为短，我就全文抄录于下：

化·市·城

城市化的核心是什么？

答曰：城。

实则不然。城是结果，亦是载体。但城市化的核心，应该是“市”。

古人早就说过：市乃商品交易之所，“致天下之民，聚天下之货，交易而退，各得其所。”在城市化的热潮中，曾有过一些误导。有的地方，一个劲儿热衷于造大城市、特大城市，“做大做强”，搞大广场，大草坪，大楼宇，大景观，甚至一个小镇也建了一个类似天安门的城楼。处处显示大政绩、大手笔。结果，一些地方有城无市，或大城小市，人气不旺，市面不兴，门庭冷落车马稀。失地农民进城住上了高楼，却找不到工作，进不了市场，农民变“市民”，市民变成无业游民和城市贫民。

浙江义乌、龙港等地，均是从先搞市场入手，人流、物流、资金流、信息流汇成闹市，不仅聚了中国人气，不少外国商贩也来“轧闹猛”，从聚人聚货，到聚财聚才，发展为中国最大的小商品市场等产业集群和新兴城市。人气旺市面兴，城市建设和各类产业相应跟上。人们去参观，陪同者会问你，“住几星级宾馆?”五星、四星、三星有的是。有市才有城，川流不息。温州市委书记有句名言：“我们这里24小时日夜时时有人在干，有人在吃，有人在玩。”浙江人走出了一条以市兴城的“浙江之路”。

兴市，造城，基础和难题是“化”。化谁?主要是化农民为市民。毛主席说过，化者，彻头彻尾，彻里彻外之谓也。可不是穿件西装、着双皮鞋就算“化”了。要帮助农民学知识、学技能、学城市规范，学一手融入城市的本领。要边干边学，通过实践，逐步化入和融合。各级政府要提供帮助，培训和就业安排以及相应服务不可少。这是一个长期的过程。专家估算，每年转化1 500万～2 000万农民，也得花上20年左右。这是中国城市化的“头等大事”和主要矛盾，是前提和基础，须举国之力，坚忍不拔，从根本上加速城镇化、城市化的过程，建成一大批繁荣昌盛、绿色文明、和谐宜人的魅力城镇，从根本上缩小城乡差别。

文风的纯朴反映了作者思维逻辑的清晰和对读者负责的精神。对此问题，我俩曾多次交换意见，并有广泛共识，都认为文章是让别人看的，一定要让人看懂，并尽量节省别人的时间。“一口吃住豆餡”，少说车轱辘话，少说套话和“正确的废话”。尤其是搞农村工作的人，经常与农民和基层干部打交道，必须学会和他们沟通，既要听懂他们的话，又要让他们听懂你的话，地头一坐就能打开话匣子，说出掏心窝子的话。调查才能得到实情。这一点吴镕同志做得是相当好的，他戴着眼镜，外表很像个大知识分子，可和农民一接触，又真像个老农。

从领导岗位退下来以后，老吴也没闲着，仍是一门心思研究“三农”问题。

1999年4月，吴镕同志与相邻的安徽省原人大副主任陆子修同志结伴到长江以北苏皖边界地区，选择在经济发展上属于全国中等偏上水平并以农业为主的4个县、市，进行调查研究。主要想搞清楚农民增收难在何处，农民负担为什么屡减不轻，出路何在。在苏皖边境一处丘陵，他看到一位农民在种果树。老吴赞扬这位农民的行为。可这位农民却冷不丁的说，你们外边来的人不晓得，现在干部鼓励我们种果树，等结了果子，还不够村干部喝酒的酒钱呐。一句话反映了农民的担心。农民说：头税轻，二税重，三费是个没底洞。经过深入调查，他们发现，许多地方对农民收入的数字是越往上报的越高，层层加码。而对农民的负担数，都是逐级往下压，越报越少。据调查，在这些地方每亩耕地承担的各种税费，县、市上报的数目是200元左右，乡镇掌握的数是250元以上，村一级说的数是300元以上，农民则普遍反映每亩至少350元，有的农民说500元。由于涉及面广，虽然不能逐一核实，但验证了两个基本情况：一是农民负担确实很重，重在哪里，五花八门的项目大体搞清楚了；二是上报数据逐级缩小，上面所掌握的情况远远脱离真实。沉重的农民负担为什么屡减不轻？有四个主要原因：一是乡镇机构臃肿，人员膨胀。3万人口以上的乡镇，“吃皇粮”人员多达三、五百人不等。工资开不出，就在农民税费上打主意。二是各行各业都在搞“达标活动”，收费过高。三是许多农村基础设施建设要农民出钱出力，而且要求过高过急。四是一些地方政府热衷于搞各种各样的“政绩工程”、“形象工程”，追求形式，导向有误。调查报告中列举了大量实例及群众口头反映，令人怦然心动。针对上述问题，他俩提出了许多切实可行的具体建议。中央领导同志对这份调查报告十分重视，时任国务院副总理的温家宝同志在报告上批示：陆、吴是两位长期从事农村工作的老同志，他们经过深入调查，获得大量第一手材料，然后对农民负担问题提出了尖锐深刻而又中肯的意见。他要求涉农各部委认真研究采取相应措施。《经济日报》于 1999 年 6 月 16 日刊发这份调查报告，并加了一段很长的按语，加以肯定。

粮食流通体制改革走了弯路，吴镕也是看在眼里，急在心里。他与张根生、赵文欣和蒋中一等“三农”问题专家，通过对江苏、广东、四川等地的调查，联合向中央写了调查报告和建议信。最后得到时任总理的朱镕基同志的肯定，对放开粮食流通市场，起了推动作用。对农民合作基金会的功过存废问题，吴镕也作了调查研究，向中央反映。

吴镕年过七十，但身体还比较硬朗。他喜欢到田头地边，去向农民和农村干部讨教“三农”问题。而且随时随地，随便一个人都可以成为他调查访问的对象。坐出租车时，他和司机拉家常，到饭馆吃饭，住旅馆他和服务员唠叨，旅游途中和导游谈话。因为这些人大都是从农村出来打工的，且见多识广，常常会谈出许多重要情况，提出非常尖锐的意见，成为吴镕思考问题的重要素材。有一次他与农业专家赵亚夫（人称“人致富，找亚夫”）一起在茅山地区句容农村转悠，这个地方偏僻，穷山沟沟，但正因为这样，自然生态表现很好，人为的干扰和破坏很少。散养的山羊、草鸡，都长得肥肥的，一片樟木林散发着清香。但也有不和谐音，上海某大学开着大卡车到这儿买古树，几千元一棵就卖了。如何保护生态，发展有机农业和无公害农业？一个萌想涌出。随后，吴镕、赵亚夫等联合江苏省老区开发促进会和当地农村工作者一道，展开了深入调查，划出了一个500平方公里的茅山有机农业圈，得到了江苏省政府的重点支持，经过开发已出现初步效益，发展了有机农副产品，上市后受到普遍欢迎。

江苏北部沿海地区，经济发展相对滞后。北边是山东的胶东半岛，南面上海、浙江，都是“黄金海岸”，唯独苏北沿海都是“黄泥海岸”，是一些发达地区的“经济洼地”。当地领导比较着急，管农业的要种粮棉，管工业的要搞化工，污水排向大海。吴镕带领南京师范大学一些专家教授和省农林、滩涂、旅游等有关部门同志，一起跑海滩，访渔家，写出了几万字的《苏北沿海生态旅游调查》课题报告，对维护耕地、保护好丹顶鹤、麋鹿等濒危动物，发展有特色的生态旅游，提出了切实的意见和建议，正在得到有关部门的重视和实施，对遏制破坏生态的过度开发，起了一定的作用。这份调研成果也被作为科研著作出版。

近几年他还配合有关同志在写出了《中国农村全面小康社会解读》、《改革纵横谈》和《乐斋闲话》等专著，写了《苏南模式在与时俱进》、《苏南·浙南·粤南》、《新吴越春秋》、《稳农富农之道》等专论，在“三农”领域有一定的影响。

为了使老农的情愫薪火相传，吴镕还应邀兼任了南京农业大学的教授，经常为学生授课，他曾为博士生演讲了农村改革二十年的经验与体会，后来这份讲话记录被广为传播，《中国党政干部论坛》作为纪念党的十一届三中全会20周年专文刊登，江苏省委党校作为教材，在江苏省有关部门印发此份材料的按语中指出：“吴镕同志在讲话中，为我国农业发展和改革提供了一个全貌分析，对制度的变迁、历史的行程，特别是二十年来农村改革主要历程中的‘四个革命’和‘五个争论’作了精彩的描述，热情讴歌了实行家庭联产承包责任制，率先突破计划经济模式，发展社会主义市场经济，极大地调动了亿万农民的积极性，解放和发展了生产力，带来农村经济社会发展的历史性巨大变化的这场伟大变革。这场变革终于带动和促进了国家的全面改革。吴镕同志的这篇讲话耐人回味，很值得一读。”按语还联系到讲话可为国有企业改革作借鉴“自我们党成立到社会主义革命，没有哪一次大变革不是‘农民教育了我们’，最终成功也是源于‘农村包围城市’，这正是中国的基本国情和特色决定的……”讲话有助于“探讨国有企业改革的新思路，也许另辟蹊径能带来峰回路转。”

长期农村工作的积累，使吴镕结交了许多农民朋友。农民有知心话找他倾诉，有难事找他商议。有一年秋茧上市，价贱难卖，找他向有关部门反映；“大盖帽”不公正执法，也找他反映。近日一个市化工厂污染了河道，500 户农民本来要集体上访，村干部说先找找吴镕吧。吴镕见了农民代表后，立即与省、市环保部门联系，派人下去了解情况，采取相应措施，化工厂停产整顿，平息了一起群访事件。吴镕家属说，你退下那么多年，不要再多事了。吴镕平时也想做“闲云野鹤”。不问不讲，不请不到，不给不要，是他的原则。但是，事关“三农”权益，他还是要破例去问，“管不了，敲敲边鼓也好。”为弱势群体反映个情况，传递个信息，这也是一个“老农”的职责所在啊！

附：孙中山的农业思想

吴 镕

孙中山先生逝世已80周年，他生前的光辉学说历久而弥新。民生方面，平均地权、节制资本，可谓开风气之先。如今，“三农”问题作为全党、全局和全部工作的重中之重，回顾孙中山先生的农业思想，仍能受到启发。

孙中山出生于广东香山县（今中山市）一个贫苦的农民家庭。孙中山幼年时代，全家7口人，只靠租种两亩半族田过活。由于生活困苦，他6岁就开始下田干活。这样的生活经历，使他从小就切身体会到贫苦农民的悲惨境遇，这对他后来形成的改善农民生活、改良中国农业的思想，有着直接影响。

孙中山早年在香港求学期间，就开始对改良中国农业问题产生兴趣，并撰文阐述他的见解。目前所见的孙中山最早的政治性文章《致郑藻如书》（1889年）一文中，就提出了“兴农会以倡革农桑业”等主张。1891年前后，由于受到当时一些改良主义知识分子的影响，孙中山曾一度寄希望于“改良救国”。孙中山撰写《农功》一文，主张学习西方的先进科学技术以改良中国的农业生产，其中甚至还介绍了当时新发明的“电热温室栽培技术”：“迩有用电之法，无论菜木果蔬，入以电气，萌芽即速，长成亦易。则早寒之地，严霜不虑其摧残；温和之乡，一岁何止三熟。”1894年，孙中山写了一封长达8 000字的《上李鸿章书》，进一步阐发了他在《农功》一文中提出的效法西方资本主义的经济发展理论。孙中山特别强调优先发展农业生产的重要性，指出

“此农政之兴尤为今日之急务也”。按照孙中山的设想，要发展农业生产，首先要兴办农政学堂，培养农业专门人才。然后设立农业博览会，宣传推广先进农业技术。这些主张充分体现了孙中山的“教育兴农、科技兴农”的思想。

孙中山早期关于农业改良的论著，只提到农业生产技术的改良问题，也就是说，他相信只要吸取西方国家先进的农业科技就能使中国农村的面貌焕然一新。这些主张在当时无疑具有一定的进步意义，但这些主张没有触及阻碍中国农业发展的病根——封建土地所有制。在旧民主主义革命过程中，孙中山的注意力才逐步转向土地制度问题。他认识到不解决农民土地问题，任何农业改良都是无法奏效的。在孙中山的民生主义学说中，土地问题被摆到十分重要的位置。他说：“民生主义，讲到归宿，不得不解决‘土地’和‘资本’两个问题。”可以说，平均地权和节制资本，构成了孙中山民生主义的核心。在1905年的《同盟会宣言》中，平均地权被列为四大纲领之一，即在驱除鞑虏、恢复中华、建立民国等革命任务实现之后，要着手解决平均地权问题。

直到晚年，孙中山才为平均地权赋予“耕者有其田”的内容，他说，“农民之缺乏田地沦为佃农者，国家应当给以土地”。又说，“将来民生主义真是达到目的，农民问题真是完全解决，是要耕者有其田”。但无论是“平均地权”还是“耕者有其田”，孙中山都坚持通过“和平解决”的途径来实现。他不是主张没收地主土地而是通过赎买的办法来实施“平均地权”。他主张“农民可以得利，地主不受损失”的和平方法，达到“耕者有其田”。后来台湾地区的土地改革，基本上也是采用他的方略。

1918年，孙中山在上海完成了他的经济问题专著《实业计划》，这是孙中山关于国家经济现代化的总体构想。孙中山主张通过大力发展工农业大生产来解决民生问题。他提出利用外资和外国人才、技术来加速现代化建设。他已认识到社会化大生产要优先发展农业、矿产业及基础工业，“盖农矿工业，实为其他种种事业之母也”。按孙中山的设想，中国农业现代化的出路，在于农业机械化和科学化。所有这些都是具有划时代进步意义的，对于今天的经济建设，仍然有着重要的借鉴和指导意义。

不仅如此，孙中山还在中国首先传播了农业和工业的合作事业。早在1919年，他在《地方自治开始实行法》的演说中，就提出效法西欧，发展合作。后又在《民生主义》第一讲内，主张以合作解决民生问题。当时他提出的“农村合作社”，主要包括两种形式，一是信用合作社，另一是运销合作社，解决小农的信贷和与市场对接问题。也有少量的生产合作社和消费合作社。到1927年北伐结束，南京国民政府按中山学说，颁发合作运动条例，推动了中国合作事业的发展，并作为“复兴农村”的基本国策。

（载2005年第3期《钟山风雨》）

为了让所有人吃上白馍

——记全国小麦专家顾问组组长刘应祥

◎姬业成

穷人何时才能吃上白馍

如今，在中国广大城乡，不要说逢年过节，就是平时，也都能吃上白面馍馍。因为，全国小麦平均亩产已经达到 283.5 千克，国家仓库里和农民家里都存着不少小麦。

可是，年龄稍大一点的人都不会忘记：常年吃白馍，这在过去是做梦都不敢想的事。因为解放前全国小麦平均亩产只有

43 千克，许多农户也只有过年才吃上几顿白馍。60 年代末和 70 年代初，城市里每人每月只供应 1.5 千克白面。1928 年出生在河南省偃师县岳滩村的小麦专家刘应祥更不会忘记：1942 年灾荒时，母亲领着他和弟弟妹妹逃荒要饭时，为了活命，母亲忍痛将 3 岁的妹妹刘雪花卖给人家，只换回了 2 斤黑面。讨饭到新安时，有一次一有钱人家给了他半个白面馍馍，他拿回去和母亲、弟弟分吃。他噙着泪水向母亲说："白馍真好吃，咱啥时候也能吃上白馍？"母亲说："那就看你长大有没有本事了。"

岳滩村处在伊河和洛河相汇的夹角，是个人称"龙摆尾"的地方，十年九淹。他家世代贫苦，只有一亩三分薄地。几乎每年都是"种上麦，去讨饭，一年和麦见一面"，到收麦时才回来，亩产只有几十斤。打的粮食只够喝几个月稀饭，连杂面馍馍都吃不上，更别说白馍了。

解放后，他家分了 3 亩多地。他虽种地很下力。可人老几辈子的老品种，老耕作方法；小牛小驴犁三四寸深，耩五六斤种子。一亩地顶多收 50 千克。为了合起伙来买大牲口，把地种好。1952 年刘应祥串联几户农民，在村里成立了第一个互助组，大家选他当组长。第二年又选他当乡农会副主席。随着眼界的开阔，觉悟的提高，深埋在刘应祥幼小心灵中的那颗"啥时候穷人才能吃上白馍"的种子开始发芽了。1953 年麦收前夕，他作为互助组长第一次到县里参加小麦良种评选会，在县农场的试验田里，他一下子被西北农学院赵洪璋教授培育的"碧玛一号"小麦吸引住了，他发现这种麦一穗能抵上他村用的老品种两穗。于是，他悄悄地掐了四穗装在口袋里，拿回村里让组员们看，都感到惊喜，决心引种。刘应祥往农场跑了好几趟，终于从农场求回了 60 千克种子，又从农场借来了耩麦耧。刘应祥亲自掌耧，将种子均匀播入土中。从种子入土，他就三天两头往麦地跑，严格按照农场技术员的交代进行田间管理。第二年麦收，新品种亩产达到150多千克，全组小麦平均亩产超过100千克。新品种比本地老品种高出一倍多。这件事轰动了全村，农民纷纷要求参加他领导的互助组。第二年几个组合并成立了初级农业合作社，刘应祥被选为社长，他也在这一年加入了中国共产党，由一个翻身不忘共产党的农民，成为一个无产阶级先锋队的战士。

他从此成了小麦迷

四穗小麦改变了刘应祥的命运，从此他就和小麦结下了不解之缘，铺开了他一生要走的路。

刘应祥将收获的“碧玛一号”小麦全部留作种子。但天不凑巧，这一年秋季发了一场水灾，不但淹了秋庄稼，而且地湿种不上麦。有人主张把种子撒在地里耙一耙，外出讨饭。刘应祥说：“这么好的种子，可不能撒播。”在他的说服和带领下，社员们硬是用铁锨翻地晾墒，精心平整，用耧播种，实行合理密植。种完麦，他就组织社员搞生产自救，领着男社员到巩县挑煤，到南山拉大锯。

大冬天，他怀里揣着几块蒸熟的凉红薯步行几百里到山西买生丝，扛回来让妇女们纺线织网。硬是凭着这股子艰苦创业的干劲，度过了灾荒，不但用搞副业挣的钱买来粮食，使社员都有了吃的，还买回两头骡子、一辆大车，春季麦田管理也很及时，追施农家肥比往年多一半，大部分麦田锄了两遍以上。合作社的小麦平均亩产达到166.5千克。一些老农捋着胡子笑得合不拢嘴。他们说，人老几辈，还没有见过这么好的麦，过去“抓住袋（一亩收一布袋，60千克）就算是好收成了。”

合作社第一年小麦的丰收，进一步鼓起了刘应祥创造小麦高产的劲头，不过那时候他最大的愿望也就是一亩地打上200千克吧。

刘应祥成了小麦迷。刮风下雨天，别人往家里跑，他往地里跑，蹲到麦地里，数麦长了几个叶发了几个头，刨开土看麦根扎多深，有几条须根。有一次他引水浇萝卜，水跑进了相邻的麦地，过了一段时间，他发现跑进水的那一片麦子长得特别好，扒开土一看，根又多又长。没进水的麦田因为冬旱，苗发黄、叶尖干、根少、根浅。于是，他提出要浇麦。可这又是个破天荒的事，因为在岳滩、在偃师、在河南，冬天是从不浇麦的，叫做"人活一百，没见过冬天浇麦"，认为天寒地冻，浇了会把地冻裂、冻坏麦根，冻死麦心。萝卜地跑水的事实使刘应祥对几千年的老皇历由怀疑到否定，他和几位农民兄弟反复商量，决定浇几亩试试。结果，浇过的麦由于墒足，肥料得到充分吸收，亩产比没浇过的高出好几十斤，为了观察浇过的麦的长势，刘应祥夜里打着灯笼到地里测冻土，大清早又到地里看解冻过程。就这样，经过无数次观测，他终于总结出了"夜冻日消，浇着正好；夜不上冻，浇着嫌早；只冻不消，不能再浇"的规律。后来，河南农学院和省气象局的专家教授又来和刘应祥一起深入总结，找出冬季最适宜于小麦生长发育的土壤含水量和地表、地下温度及相关数据。既定性又定量地肯定了小麦冬灌的理论和实践。

有一年早春气候过暖，小麦旺长，还没到雨水，麦苗就窜一尺多高。继续这样疯长下去，小麦必定大减产。就在他苦思冥想，正在发愁的时候，忽然想起每年农历正月29日，他都要到离岳滩不远的段湾村姨妈家去赶古庙会、看大戏。戏台子就搭在村边麦地里，人把麦地踩得像操场一样，可一场春雨过后，麦苗就又长起来，并且长得很壮，产量不少。从这里他自己思忖，旺长的麦是不是也可以镇压，把旺长的苗子压下去，让它再发。想到这里，他先到自留地里用脚把麦踩倒几垄，过一段再一看踩过的麦矮了，但又黑又壮。于是，他就说服一些人试着用石磙轧麦，寻找镇压复壮的道理。

刘应祥把全部心思都用到小麦上了，村里人背后说他，路上有钱也不会拾，因为他走路只看路两边的麦。有一次他从乡里开会回来走到村边，本家叔叔刘保喊住他说：“应祥呀，有几块麦可是竖耳朵啦，你得看看。”听了老农的话，刘应祥赶紧到几块麦地去看，并从老农的话里得到启发，发现不同地块、不同管理措施、不同水肥条件的麦苗长相就是不一样。有的麦苗黑绿肥壮耷拉着像猪耳朵，有的麦苗黄瘦干燥向上支楞着像马耳朵，有的麦苗颜色正，像驴耳朵。他直观地认为麦叶像驴耳朵的苗子最好，像猪耳朵的过旺得控制、像马耳朵的是缺水、缺肥得促进。农学院的一位青年教师把刘应祥为麦苗打的“三个耳朵”的比喻写成一篇小文章寄到报社。报纸一登，引起了全国和全省小麦专家的注意，北京农业大学梅南教授、国家科委张尔科司长、中国农业科学院的朱立焕、胡济生教授、河南农学院的任明全、胡廷积、袁剑平、崔金梅都来了，省气象局的关文雅、县科委的霍子孝、任鸿勋也来了，大家都来帮助刘应祥总结。并由此上升为关于小麦生长期管理的一整套促控理论。后来，河南农学院干脆把小麦栽培理论课搬到岳滩来上，聘请刘应祥当兼职教授。

科学能使麦增产

专家教授们从刘应祥那里找到了实践经验，认识到理论来源于实践的真理。刘应祥也从专家教授那里学会了许多科学知识，对专家教授的意见他不但认真听取，还反复琢磨，不懂就问，认识到庄稼地里有学问，种麦也要讲科学。从此，刘应祥更加热爱科学，尊重专家。他把从农业大学和从各方面来的每一位农业科学人员都当作自己的老师，白天同科技人员一起在地里边劳动边研究；晚上，围坐灯下共同总结。他笔记本上的字虽写得歪歪斜斜，有些字不会写就画个象形符号，但他确记得清清楚楚。科技人员惊奇的发现，自己随便谈过的一些科技名词，刘应祥竟记得相当准确，也用得很恰当。尽管他解放前只断断续续读过不到一年书。难怪有的教授说：刘应祥那些实践经验我们还没有学会，可我们肚里那点学问，却不知什么时候都被刘应祥给学走了。刘应祥一会当老师，上台给大学生讲小麦栽培课；一会当学生，和农民们一样坐在小凳子上听农学院老师讲农业技术课。就这样，他懂得了什么是小麦分蘖、什么是细胞学、什么是遗传基因等等。后来，刘应祥又正式成为河南农学院的函授生，比较系统地学了些农业科学知识，特别是小麦栽培理论。

刘应祥还把村里的青年组织起来学科学、搞试验、扒了龙王庙，盖成科技楼。岳滩人的科学知识不断提高，遇大水不再求龙王，而是听党支部和刘应祥的话，齐心协力打坝护田。遇旱灾不再磕头祈雨，而是打井修渠，把全部土地变成水浇地。随着合作社的扩大，刘应祥总结出的一整套小麦增产技术推广到全村。全村2 300亩地种小麦2 200亩，亩产超过 200 千克，一季小麦吃全年，每年还卖给国家小麦 15 万千克，家家户户都能吃上白馍。刘应祥被选为县劳模、省劳模、全国劳模，获得了一大堆荣誉。而他却丝毫没有满足，没有骄傲。他把上级发给的所有奖品都交给村里。从北京开会回到村里，还是不回家先到地里看麦，他和自己的伙伴们说：咱村吃上白馍了，可全县、全国还有许多人吃不饱肚子，科学没有止境，小麦还能高产，咱还得努力。

1958 年“大跃进”时，浮夸风越刮越大，那一年兴放“卫星”，西平县有个队曾将他们的小麦亩产吹嘘为 7 320 市斤。驻岳滩工作组逼着刘应祥“放卫星”。刘应祥硬是顶着不报。后来工作组顶不住上边的压力，硬包办代替，将岳滩的小麦亩产报为500 千克，刘应祥违心地默认了。对于这件事，直到现在，刘应祥仍感到内疚，曾多次在许多场合检讨自己原则性不强，没有坚持住实事求是这条真理，对党说了假话。实际上，那年岳滩的小麦亩产是 300 千克。

1959 年刘应祥调到翟镇公社当副书记、副社长，村里的事全交给别人管了。谁料到天灾人祸一齐降到岳滩人头上：共产风、大锅饭加瞎指挥很快就把岳滩那点底子给掏空了；1961 年一场大水又把岳滩的良田冲走 1 000 多亩，河离村只剩下 50 米了。村里一些人主张集体移民到豫西山区渑池县，地委一些领导已经表示同意。就在这时，村里一些党员和农民到上级要求刘应祥回村当支书。他们说：应祥回来了，我们就有了主心骨。上级同意群众的要求，可又怕刘应祥不回去，因为困难太大、矛盾太多。谁知领导刚一开口，刘应祥一个不字没讲，啥条件也没提，背起铺盖就回村了。

县里把刚从农学院毕业的大学生任鸿勋派到岳滩帮助刘应祥工作。任鸿勋天真地问刘应祥啥是工作？刘应祥说：把群众关心的问题解决了就是工作。刘应祥一回村，先把大食堂散了，让各家自己做饭，又帮助社员恢复传统副业：做木器、卖包子。组织半劳力上南山拾红薯。大冷天上山拾红薯的人来回都得趟水过河。为了不让大家受这个冻。刘应祥就领着几个人搭了个简易桥。为修这桥，他因泡在河里太久，落了个腿疼病，竟很少有人知道。他找村干部、党员一个个谈心，又挨家挨户访问群众，问大家该怎么办。最后，还是按多数人的意见：不能移民搬村，要靠全村人的力量向河要地、向地要粮、向副业要钱。他白天领着壮劳力去北山拉石头，下河滩，晚上还要开会到半夜。饿得很了，就拿一块萝卜干嚼嚼。那年腊月二十七，公社副书记于林森到岳滩看刘应祥，进屋一看，床上铺着一领已经只剩一半的草席，瓦缸里只有一点粗玉米面，厨房连一锨煤都没有。回到公社，老于在党委会上流着眼泪说：没想到应祥同志是在这样艰苦的条件下，领着岳滩战胜困难的。公社决定给刘应祥送去 30 元救济款，让他过年。后来才听说，刘应祥又从这 30 元中分出一部分给了五保户。

就这样，经过十年努力，刘应祥硬是领着岳滩人一寸一寸夺回了被洪水冲去的土地，又造出了 1 500 亩好地，重新让岳滩人吃上了白馍。

十年内乱时，有人批刘应祥是只低头拉车，不抬头看路。为了“帮助”刘应祥“端正”路线，地区革委会曾派了一个阵容庞大的工作组收集刘应祥“重生产、轻革命，重副业、轻农业，重科学实验、轻阶级斗争”、“不支持造反派”的材料。外地一些造反派也到村里串联，鼓动村里少数人起来夺权。刘应祥白天领着大家治河造田，晚上要接受批判。尽管爱人和村里多数人都支持他。爱人把仅剩下的两只母鸡下的蛋全给他吃，早上让他多休息一会，一起床就给他端上一碗荷包蛋。可一个月没过，他还是瘦了不少。因为心里不舒畅、太窝火。他怎么也想不通一个心眼领着群众发展生产会是错误，又怎么能把权力交给那些整天只会喊口号的人。一个多月过去了，工作组没有收集到足以打倒刘应祥的材料，造反派也没有把权夺走，刘应祥硬是闯过了这一关。

岳滩经验开始走向全省

“文化大革命”中，虽然出了一批造反派，整天批斗造反。但人还是要吃饭的，多数人还是知道“人哄地皮，地哄肚皮”这个道理的。岳滩经验仍然是受欢迎的。也就是在多数人闹得最凶的时候，岳滩村曾派出 120 多位农民到全国十个省和河南的 20 多个县去当小麦技术员。刘应祥向每一个派出的农民强调：到了外地要先当学生，后当先生，先把当地情况弄清楚，再因地制宜结合实际推广岳滩经验。被派到柘城县指导小麦生产的农民技术员刘治中，在领着当地农民冬浇小麦时，因跑步去堵水渠决口劳累过度，脑血栓发作，猝死在麦田里。其家属还要将当地送来的抚恤金捐出来做小麦科研经费。刘应祥和全村人都为此事所感动，认为这就是岳滩精神。刘应祥含着眼泪亲自操办丧事。在追悼会上，他说，我们都要向刘治中学习，为了让全国人都吃上白馍，我要贡献出毕生精力。1972年刘应祥被调到县里当了县委副书记，使他有机会到各乡调查研究，进一步丰富了他对不同类型地区小麦生产的了解，他同时也把岳滩经验推广到各乡各村，三年里使全县小麦上了两个台阶，亩产由150多千克达到250千克。1975年3月，上级又把他调到省农业厅担任相当于常务副厅长职务的核心组副组长。厅里安排他住到大饭店，他坚决不去，就在办公室里支了个单人床，把自己带来的被子一摊住下了。当时他的工资级别还是当公社副书记时定的24级，1月40多块钱，三分之二要拿回去养活爱人和孩子，自己只留15元。每天早上买一分钱咸菜。生活上虽然艰苦，工作却非常认真，一把手有病住院，担子全压在他的身上。因此，到任第三天他就下乡去了。在豫南跑了三个地区，发现旱情严重，当时小麦正处在返青拔节阶段，水地只要浇一水，旱地搞搞松土保墒，多少施点化肥，一亩地就能增加万头分蘖，一个穗就能多结两个籽。他把自己的建议讲给县里、地区，又汇报给省里。当时虽说多数人都忙着抓“阶级斗争”，但最后总算得到一个抓农业的副省长支持，开了电话会，将工作布置下去。接着，他又到豫东三个地区，一个县一个县发动抗旱浇麦。他的意见得到多数基层干部和农民支持，普遍加强了麦田管理。经过两个月对20多个县的调查，一听二看三分析，刘应祥对全省农业情况大体有了点数，5月份他在全厅干部会上讲了自己对振兴河南农业的看法。由于他的讲话有实际内容，有分析见解。原来看不起刘应祥，认为把他调来不过是搀砂子、当陪衬的人也服气了。加上他尊重知识分子，平易近人的作风，很快就在农业厅站住了。由于全省都加强了小麦春季管理，这一年全省小麦总产达到85.5亿千克，比上年增产17.45亿千克。

粉碎“四人帮”后，新到任的河南省委领导更重视发挥刘应祥的作用，把他当作农村工作和农业生产主要参谋，经常带他下乡调查，叫他到办公室交谈。刘应祥一方面为挣脱了长期套在他身上的“不突出政治”、“生产党”的枷锁而感到浑身是劲。也为有更广阔的天地推广小麦增产经验而感到高兴，一方面也感到肩上的担子太重，自己的水平太低，难以适应。为了弥补自己的不足，他除了大部分时间下乡调查外，回到省里后总是白天找农业厅、河南农业大学、省农科院、科委的专家交谈，访贤问计，晚上坐在灯下如饥似渴地学习。领导上安排他到欧洲访问几个国家后，他的眼界更加开阔，深感中国农业落后，但有潜力。他问自己：河南的小麦面积和法国差不多一样，为什么总产不及人家一半？为什么人家一个农民可以种几百亩、上千亩地，而我国农民一人一亩多地还种不好？他的回答是：关键是科技水平低。

刘应祥暗下决心，一定要将河南小麦总产搞到法国水平，一定要让全省人民都吃上白馍，卖给国家更多小麦。

作为一个农民出身而且一直没有脱离土地的干部，刘应祥和土地有特殊的感情。

解放后，分了三亩地，他把地当命根子，大老远见着一滩粪，也要拣了送到自家地里。他的地种的比别人好。

当互助组长时，他对全组80亩地负责。块块地都有他的足迹。当合作社长时，他指挥全社种2 300亩地，小麦亩产连年往上蹿。

当公社副书记时，分管农业，分布在十几个大队的上万亩麦苗的长势，他心里像明镜一样，了若指掌。因为他隔不了几天，就要在全社转一圈。

当了县委副书记，还是分管农业，全县所有乡村跑了个遍。

如今在省里抓农业，他又把全省 1.3 亿亩地看成是省委交给自己的责任田，只能种好不能种坏。几年里，走遍了所有的县，重点县走遍了所有乡。这一点省直干部没有一个能和他比。

有时他会开玩笑说：咱没有别的本事，就是得和农民兄弟一起把全省这一亿多亩地种好。每年种麦以前的一个月，是刘应祥最忙的时候。他一天一个县的跑，有时上午、下午、晚上三场作报告，他不仅讲小麦播种技术、还讲应该怎样克服保守思想，怎样致富奔小康。句句都说到农民心窝里。一个播季下来，听众都在十万以上。“我是来和大家商量怎样种庄稼的、我也是种地出身”几句话就把他和农民基层干部的距离拉得很近。他讲话农民爱听，往往是会场里坐不下，会场外边扯喇叭，录音连着放几天。因此，全省许多农民都认识刘应祥，他下乡在地边一停，会围上一堆农民，问这问那。农民也不叫他厅长、主任，总是说：这不就是电视上教咱们种麦的那个老头吗！他说的办法中，他的话管听。

1981 年又遇大旱，小麦急需浇水施肥。可是电和柴油及化肥供应都有问题。这件事光靠农业厅说话不中，得省委省政府协调。眼看时机就要错过，刘应祥心急如焚，他到不同管理水平的麦地里拔了几撮麦苗，拿着就上了省委。省委书记刘杰同志让他在省委会议上发个言。他把麦苗往会议桌上一摊，使人们清楚看到浇过水、施过肥的麦苗根长根多分蘖多，没浇过水没施追肥的麦苗又黄又瘦，根少叶稀。各部门的意见很快统一。最后省委书记刘杰拍板：“砸锅卖铁也得拿出电、拿出柴油、化肥，拨一批款，支持农村浇麦。”事后，有人说：刘应祥真胆大，敢拿着麦苗上省委，把省委书记都发动起来了。省委领导重视刘应祥的意见，本来是件好事，可却招来了一些人的不满。有人散布说：刘应祥就是会吹，把省委书记都吹晕了。刘杰同志听到这个反映后，曾在一次省直机关领导干部会议上郑重宣布：有人说刘应祥好吹，那就请大家举出例子来。半天，没有人吭声。刘杰同志接着说：刘应祥向我反映的情况，我到下边看了后，都是真的。因此，我希望大家都要像刘应祥同志那样，敢于向省委反映真实情况、说心里话，不要只看着领导眼色说话。

刘应祥知道，要想把全省小麦搞上去，光靠自己的力量是很有限的，一个人浑身是铁，能打多少钉。于是，他团结农业工作者和农业科学技术人员，组织全省小麦高产稳产低成本协作攻关，参加这项工作的有 63 个科研单位和大专院校，加上各级农业部门的农业技术人员，一共有 1 200 多人。他还在一批专家参与支持下主持编写出版了《小麦生产斗争实战》和《小麦高产稳产低成本》两本书，将实践经验上升到理论上，将传统经验与现代科技相结合，指导全省小麦生产。

刘应祥交了许多朋友，这当中有专家学者，地市县委书记，也有许多生产队长和普通农民，有些农民直接给他写信打电话，问小麦啥品种好，有了病该咋治。

有一年豫西丘陵地区渑池县山上麦受了冻害，麦叶发红，一股死样，有人主张毁了。因为这是刘应祥推荐的新品种，县委书记连夜给刘应祥打电话，第二天刘应祥就带着人赶到渑池，先上山看麦，然后才听汇报。他到山上一看，发现主要是地没平整好，坷垃大透风跑墒，加上天旱风大，麦根受冻。可他拔棵苗一剥，发现麦心还没死，于是他当场表示态度：这麦病不轻，但心脏还好，有救头，不要毁苗，赶紧镇压，把坷垃压碎，再上些农家肥，中耕保墒，增加地温。有人说，绝收了谁赔？刘应祥明确表示：只要按我的意见做了，绝收我赔，每亩 100 元。农民吃了定心丸，没有毁麦，照他说的做了。开春又下了几场雨，小麦返青后长得很好，最后每亩都达 250 千克以上，个别块打到 400 千克。从此，刘应祥的名字在渑池传得家喻户晓，农民说：刘应祥是个麦大夫，会给麦号脉治病。

刘应祥家用了一个小保姆叫李玲姣，是濮阳县海通乡人。小姑娘发现刘应祥常给客人讲小麦的事，料定他是个小麦专家。就对在家种地的父亲说了。有一天玲姣的父亲到郑州来看闺女。刘应祥问他种的麦是啥品种，咋个种法。末了，刘应祥说，我送给你几十斤新品种，你按我说的办法回去种种试试。玲姣的父亲照着作了，一亩只用十几斤种子，而当地的老习惯是用 20 多斤。冬天里苗子稀，谁看了都说：你在郑州听谁说的，这苗子连种都打不够。老李头急了，给刘应祥打电话。刘应祥问清情况后，告诉他应该怎样进行冬季和春季管理。老李头只好半信半疑照着做。到麦成熟时，方圆几十里属他这一块麦好，人们开着拖拉机来参观。乡里发现后，书记乡长都来找他，告诉他收了麦一粒不准吃，全留作种子。到收麦时，乡干部亲自来单收单打，晒干扬净过称，5 亩地收了 49 布袋，平均每亩 475 千克。附近农民情愿用 3 斤普通麦换它 1 斤当种子。李家从此成了良种繁育专业户、科学种田示范户。现在玲姣的爸爸年纪大了，玲姣的哥哥接着干，由于他们家带领群众致富有方，玲姣的哥哥已经被选为村党支部书记。刘应祥的经验和他推荐的小麦良种就这样在濮阳大地全面开花了。

岳滩经验推向全国、惊动世界

1981 年 10 月，刘应祥应邀到美国加利福尼亚州巴勃拉市参加第二届国际集约农业会议。10 月 26 日上午大会轮到他发言。规定每人发言时间 30 分钟。但当刘应祥讲了他怎么使用有机农业措施获得小麦高产经验后，会场沸腾了，提问题的人一个接一个，会议主席破例将他的发言延长到 70 分钟。当他走下讲台时，许多人围上来，继续提问。他们说：“中国代表是这次会上最有经验的人”，“中国的经验很值得各国学习”。刘应祥回到国内不久就收到大会主席约翰·吉文斯博士的来信，信上说：您的讲演是极为出色的，非常精彩的，您对小麦生产最适宜条件和夺取小麦高产稳产优质低成本的试验研究经验，对全世界人民是很有意义的，很有价值的。没过多久，又有一外国农业组织给刘应祥来信，愿出高薪聘他去作小麦生产顾问。刘应祥婉言谢绝了。他说：我的任务在中国，中国还有人没有吃上白馍。时任国务院副总理的万里同志，看了 1982 年 1 月 3 日《人民日报》关于刘应祥参加此次国际农业会议情况的报道后，高兴地说："这样的土专家，是我国农业科技队伍的重要组成部分，要充分发挥他们的作用"。

刘应祥从 1975 年调到省农业厅当常务副厅长到当省农委常务副主任、农研中心主任、省科委副主任、省政协农业委员会主任，直到 1995 年退休，参与河南省农业领导工作和主持全省小麦生产组织领导工作，长达 20 年。这 20 年河南省的小麦连上了几个台阶，总产量由 67 亿千克提高到 200 多亿千克，增长了两倍。全省农户和国库里存着 100 多亿千克小麦。一季小麦吃全年，四季都有白馍吃。对于这些成就的取得，刘应祥到处都讲，这是省委省政府领导全省人民艰苦奋斗的结果，是广大科技人员努力的结果，我只是跑了跑龙套，给省里领导当了当参谋。可人们谁都承认刘应祥是立了大功的。省政府为他颁发了奖状，国家授予他有突出贡献专家称号。

退休后，省政府仍然聘请他当顾问。河南省委书记李长春同志在调离河南时，专门找着刘应祥敬三杯酒，说："第一杯是你帮我抓农业，让全省人民有白馍吃；第二杯是你教我学习种小麦；第三杯是你帮我了解了不少农村的真实情况"。

全省相继有 20 多个县请他当顾问，用农民的话说叫抢财神，刘应祥在农民心目中是位小麦神。刘应祥没有全答应，只选中了几个有代表性的县。他这个顾问虽然不要任何报酬，可到县里去的还很勤，请他时去，不请也去，一到关键季节他必定会去。而且每一次去都是先到地里看，掌握了情况才听汇报。永城是大县，全县小麦播种面积 130 多万亩，亩产长期停留在 150 千克以下。刘应祥当了顾问后，提出三换：人换思想、麦换种、地换耕作方法。他先帮永城引来豫麦 18 等小麦良种，又帮助干部带头克服保守思想，树立新观念，学习新技术，采用示范，对比试验等方法，层层发动群众，改变传统种植管理方法，实行科学配方施肥、精量播种，规范化操作，50 亩地一眼井，及时浇灌。刘应祥一年来四、五次，出现什么问题及时解决。就这样连续抓了三年，使全县小麦亩产平均达到 350 千克。接着刘应祥又提出了“小麦一季吃全年，秋季放手去抓钱”的大胆设想，帮助农民调整产业结构，改种经济作物。让农民囤里有粮，兜里有钱。县里为感谢刘应祥的帮助，趁他有病往他家送去 1 万块钱，作为医疗营养补贴。刘应祥知道后，又把这钱交给该县去郑州开会的农业局长，并且强调，这是省里补助你们县的科研经费，要用好。县里领导收到刘应祥退回来的钱后，感慨地说：现在像刘应祥这样的干部不多了。有些人啥问题不帮你解决，还下来吃喝拿要。刘应祥帮助种子公司推广种子，按规定应该提取费用。可刘应祥却把他应得费用的大部分送给岳滩村修路、盖学校、建自来水塔。别人送给他的一些营养品，他也拿到村里送给五保户和体弱多病的老社员。

1984 年 5 月农业部决定成立专家顾问组，在讨论小麦专家顾问组组长人选时，部领导一致推举刘应祥。理由是刘应祥不但有实践经验，还有一定理论水平，作过领导工作，有组织能力，会团结人。但他到底能不能挑起这副担子，也不是没有担心。因为组员都是教授、研究员级的老专家。第一次开专家组会，刘应祥认真听、认真记，一些专家担心他最后总结不了。几天会过后，刘应祥竟把会上讨论的许多问题总结得有条有理，将大家的意见都包括进去了。专家组一起先后到安徽、甘肃、四川等省去指导小麦生产，刘应祥讲的意见很受欢迎。就这样，所有的专家都服气了。好几位专家都说：同样的技术理论问题，我们说了，农民很难听得懂，刘应祥一说，农民和基层干部都能听得懂。刘应祥掂起耧会耩，拿起镰会割，上了耙会耙，可我们这些人是只能讲不会操作。这说明专家和农民结合得有个过程，刘应祥弥补了我们的不足。有一位省农科院院长，在一次酒后拉着刘应祥的手说：坦白地说，顾问组开始让你当组长，我是不服的，可现在我服了，你行！专家组受到各省欢迎，对各省小麦生产都起了很好的推动作用。就在刘应祥和他领导的全国小麦专家顾问组正在对全国几个小麦主产省的小麦生产进行巡回指导的时候，河南省有人到农业部告状了，他们说刘应祥把河南省的小麦品种搞杂了，应该把他的组长撤换了。农业部党组经过认真研究后，决定派调查组到河南调查。经过调查，事实恰恰与告状人说的相反。河南省当年小麦品种杂，正是由于某些决策人没有听取刘应祥的建议所致。农业部决定继续支持刘应祥和他领导的顾问组。一些省还做出决定，推广河南省偃师县小麦增产经验，印发了刘应祥的讲话。有人风趣地说，刘应祥管理的麦田可是越来越多了，从自己家的几亩到互助组时的几十亩，再到合作社时的几百几千亩，全乡全县的几万几十万亩，最后是全省的七千万亩和全国的四亿多亩，真成了小麦王，专业户。刘应祥是将党和人民赋予他的权力的力量和他苦心钻研，虚心求教学来的知识的力量以及共产党长期培养的人格的力量结合在一起，又团结一大批人去推动全国小麦生产的。50 年来刘应祥一心扑在小麦生产上，天气一有变化，他首先想到的就是对小麦是有害还是有利，连做梦都是想的和小麦有关的事，如今，他看着全国小麦库存积压、出口国外，是又高兴又发愁。高兴的是全国人终于有了白馍吃，发愁的是得赶快提高小麦品质，搞好加工转化，适应国际市场需要，增加农民收入。在他年过七旬之后，仍一年到头奔波于麦田旷野。他和农民有如父如兄的感情，和小麦有割不断的缘分，1998 年 5 月 27 日，刘应祥因连续一个多月在小麦产区奔波，过度劳累脑血栓病发作，晕倒在荥阳县麦田里。躺在病床上，刘应祥仍然惦记着他的麦田。人们原以为他从此可以好好休息了。谁料想 3 个月后，他竟奇迹般地站起来了。半年之后，他又走进了全国小麦高产技术鉴定会的会场，发出了铿锵的声音。还到麦田察看。他的气质使人们相信，在新世纪里，刘应祥将继续为提高河南及全国的小麦产量而贡献自己的力量。

不用扬鞭自奋蹄

——记农业经济学家牛若峰

◎姬　恒

牛若峰同志是我国著名农业经济学家，已在中国农业科学院工作了近 50 个年头。但在党的十一届三中全会以前，不但一直没有得到重用，还因为他襟怀坦荡和直言不讳给自己招来了不少灾祸，长期受到不公正的对待，是 1978 年科学的春天到来之后，他才得到彻底解放，全身心地投入农业经济研究。在长期担任中国农业科学研究院农业经济研究所所长期间，他积极参与中国农村改革的政策研究工作，带出了一批中青年农经研究人才。现在，他虽然已经 77 岁，不再担任行政职务，却仍然孜孜不倦地进行研究。2000 年，他的弟子们还支持他成立了牛若峰工作室，他仍然主持了许多重大课题研究，定期出版刊物。在每年召开的中国农业经济学会上，他都向会议提交重要的专题论文。2005 年 9 月初，还参加了海峡两岸学者研讨会。他是一个为中国农民辛勤耕耘了大半辈子的老牛，而且越是进入晚年，他更有一种“自知夕阳短”的紧迫感，无人扬鞭自奋蹄，变得更加执着，更加勤奋。

最近几年，他研究的重点之一是农民权益问题，他认为解决三农问题的关键是保护好农民权益。而长期以来，农民权益由于各种原因受到侵犯。农民权益的缺失已成为许多问题长期难以解决的根源。

中国农民是为中国工业化作出过巨大贡献的。早在 20 世纪 80 年代后期，牛若峰同志就和郭玮博士认真算过一笔账：从 1952 年到 1989 年国家通过三种方式（农产品与工业品价格的剪刀差、征收农业税、农村储蓄用于城市）汲取农民资金近 1 万亿元，平均每年 250 多亿元，农业部门的净资金流出量占国民收入积累总额的比重平均为 22.4%，第一个五年计划期间高达 40%以上，到 1990 年时仍达 23%，平均每个农业劳动力每年为工业化提供资金 296 元，占农民年均纯收入的 38.7%。由于中国底子薄、加上政治运动影响，因此，中国工业化资本原始积累时间持续很长，农民的负担也是长期较重，担负着为国家工业化和乡镇工业化积累资金的双重任务。进入新时期后，除了原来的三种渠道外，又增加了廉价或无偿占用土地的办法。而这后一种办法对农民权益的侵犯比前三种办法加起来还要严重。牛若峰同志拿出《中国土地》杂志 2000 年第 9 期刊登的一篇文章作为例证，说明 20 年里，征用农民土地 1 亿亩，名义上支付给农民的土地补偿资金 2 万亿元。而失地农民却只得到其中很少一部分，失地后的生计并没有得到妥善安置。

新时期农民为工业化积累资金的另一种重要形式就是，大量农民工从事最苦最累的建设劳动，而得到的工资却十分低微。

牛若峰同志认为：农民的基本权益，一是生存权，能体面的生活；二是发展权，能有勤劳致富的发展机会。这两权赖以存在的基础，对于农民来说，就是必须拥有土地、劳动力、资金、技术等基本要素以及相应的市场环境和就业机会。农业的“社会主义改造”，从高级社起土地等生产资料归为集体所有，使作为劳动者的农民与生产资料分离，连对自身劳动力的支配权也被剥夺。在集体化的生产体制与统购统销的流通体制相匹配格局下，不可能存在真正意义上的市场环境；农户经济不复存在，农民在生产队每年分得的劳动报酬极其微薄，其生存被挤压到最低限度，不能享有平等的国民待遇，自然谈不上“体面的生活”，更谈不上发展。

农业的“社会主义改造”之所以失败，从根本上说，主要不在于农业生产组织形式的选择，而在于“改造”剥夺了农民的基本权益。农业集体化的制度设计与农民致富的追求相对立，不仅杜绝了农民致富的一切可能路径，而且连温饱问题也未能解决。这就是“改造”失败的根本原因，也是人民公社终告解体的历史必然。

1990 年 5 月，在纪念农民土地承包经营制度实施 10 周年时，牛若峰同志说过：农业经营体制第一步改革，实行农民土地家庭承包制，其伟大功绩是解决了集体经营体制下农民与生产资料分离的问题，创造了劳动者与生产资料相结合的可行方式，重建了农户经济。改革给饱尝多年清贫之苦的农民带来希望，农民把这一农业改革叫做“第二次解放”。改革极大地调动起农民生产积极性，促进农业全面高速增长，粮食产量大增，1989 年突破 4 亿吨大关，1998 年又突破 5 亿吨大关，从而稳定地告别了短缺经济。这对于人多地少的中国来说，无疑是令人欢欣鼓舞的伟大成就。

但是，农民家庭承包制的实施，只完成了一半的农业经营制度改革。这第一步的改革没有解决农业领域内土地产权不明晰的问题，没有解决分散的小农户连接市场的路径问题。这一步改革后，我国农业生产要素组合方式更加分散化，超小农户规模不经济，所谓“统分结合，双层经营”在许多地方名不副实，“统”的一层无力发挥功效，公共服务被削弱。牛若峰认为，当时如果借着人民公社制度解体的机会，在村队建立以土地联合所有为依托的农民合作社或土地合作社，可能会更好一些。

因此，牛若峰多次提出“农业经营体制深化改革必须完成另一半的任务，即：（1）稳定家庭承包制，规范承包合同；（2）完善土地制度，明晰产权归属，健全土地经营的激励机制和土地流转的约束制度；（3）健全社区合作经济组织，发展新型的农民专业合作社；（4）探寻市场农业的经营方式。这后一项应当是深化改革的核心任务。”

为此，1995 年 12 月，他曾向农业部提交一份研究报告，指出农业产业化经营“是农村经济改革与发展的必然产物。”

他所说的农业产业化经营，是指产加销一体化的经营方式，它是市场经济发展到一定阶段的产物，比起产加销割裂、买断卖断的交易方式是一个巨大的进步。

他认为，走一体化之路，是农业发展新阶段的必然选择。自农业实行家庭承包经营开始，经过多年的改革与发展，到党的十四大确立社会主义市场经济体制时，计划调节退缩到极小范围，市场调节已占绝大比重；农产品短缺已成过去，卖方市场开始转变为买方市场，农业发展进入一个新阶段。新阶段面临着突出矛盾和挑战，主要表现在：（1）超小农户分散经营规模不经济，不能直接进入社会化大市场；（2）农产品供给的品种结构和质量结构不适应市场需求的品种结构和质量结构；（3）农业产加销各环节割裂，交易成本高，整体效益低，初级产品生产比效益低，不能适应农民增加收入的需求。要解决这些矛盾，除必须出台相应的宏观政策外，发展农业产加销一体化经营是一种可行的选择。

农业发展新阶段的任务是在满足市场需求的同时增加农产品的附加值。这样，不仅要进一步解决初级产品生产与销售的链接问题，而且必须将生产、加工和流通各环节联为一体，使相关环节动作内部化，构成产加销一体化的经营体系。正是这样的农业一体化组织和服务系统，能够引导和帮助农户的商品生产走上专业化、社会化和集约化之路，形成聚合规模经济，整体地进入社会化大市场；依靠农业一体化经营系统，延长农业产业链条，实现加工增值，减少中间环节，降低交易费用，提高农业产业的比较效益；依靠一体化经营系统将部分外部经济变成内部经济，发挥组织协同和产业协同效应，构造新的利益分配机制，共同防范自然风险和市场风险，提高各参与主体的经营效益，实现共赢。

农业产业化经营从一开始就面向两个市场：国内市场和国际市场，以其成批量、标准化的鲜活产品、制成品和半制成品供应两个市场，在融入国内国际供应链的同时，延长自己产业系统的价值链。

针对我国入世后贸易环境的变化，2001年，他又开始研究如何提高农业产业化经营的持久的竞争力问题，同年11月在广州一个研讨会上，他提出“入世后中国农业发展的国际化战略”，随后又探讨了“在WTO框架下加强中国农业的国内支持政策”，其中回答了农业产业化经营何以提高持久竞争力的战略与策略，其基本观点至今仍然有用。

牛若峰同志积多年研究农业经济的经验，认为提高农民组织化程度是实现农民权益保障的关键。他说，无组织的农民永远是社会的弱势群体，没有组织的农民是“一盘散沙”，农民缺乏社会活动能力，缺乏正常的利益聚合、表达的渠道和机制，不能形成对政府和政策安排的影响力。当今中国农民仍然是缺乏内聚力和社会制衡力的弱势群体。他们对改变城乡二元结构的状况形不成政治压力，起不到制衡、促进作用。农民这种弱势性，使得农民根本不可能与城市里有组织的强势利益集团讲平等和公平竞争，反而为来自各方侵权损益行为、委托代理中的机会主义、强势集团及其他权势分子设租、寻租行为提供了可乘空间，而自身利益受到侵害的农民却无可奈何。这不能不说是中国农民的悲剧。

所谓农民组织化，就是让农民组织起来，例如成立农民协会、发展各类合作社，有组织地参加行业协会，等等。这些农民组织是联结农户与政府、农户与其他市场主体的桥梁和纽带。农民有了组织才能具有一种常态利益聚合、表达的渠道和机制，才能联合自助发展合作经济，进入现代大市场，才能增强农民群体的交往谈判能力，发挥社会制衡作用，有效地参与乡村的协同治理。实践证明，农民组织化是农民与任何社会群体和市场主体打交道，以现代文明方式维护农民权益、组织有序地争取自身合法权益所必需的工具，是绝对不可或缺的。

要相信我们的党有能力驾驭依法成立的任何农民组织，国家法律能够规范农民组织的行为。农民组织化，发展农民合作社，应当是21世纪头十几年中国“三农”发展一大战略。这是一个绝对绕不过、必须尽快解决的问题，早解决，早主动，迟解决或解决不好，必被动！

积极支持农民合作经济组织是政府的一项公共政策。由于合作社的特殊性所决定，政府应与之建立一种特殊关系（不同于政府与一般企业的关系）支持其健康发展。第一，农民合作经济组织作为弱势群体的联合自助组织，可以而且能够利用其潜力，协助政府“实现社会发展目标，特别是消除贫困、创造充分和有效的就业及促进社会融合”，从而成为政府可以信赖和有效的合作助手，同时，政府因为农民合作组织有助于公益、公平目标的实现而予以扶持，为农民合作经济组织的健康持续发展创造一个支持性和功能性的环境。第二，农民合作经济组织依法成立，合法经营，接受政府主管部门的指导和监督，但是政府不干预合作组织的人事安排和经营活动。第三，在由单一的政府治理转变为政府与民间组织协同治理的进程中，农民合作经济组织是政府最重要的协商对象，实施乡村协同治理的合作者。这是各国政府公共政策的共同选择。

根据合作经济的本质特性和政府与农民合作经济组织的特殊关系，尤其是考虑到我国农民合作组织处于起步初发阶段时的特别弱势性，我国政府应依法在财政、税收、金融信贷和价费等方面对农民合作经济组织实行必要的优惠政策。牛若峰同志曾向有关部门提出过十条政策建议：

1. 建立合作社税收体系，实行低税或免税政策。例如，对合作社免征所得税和营业税。

2. 低息贷款或贴息贷款。

3. 奖励和无偿补贴。对符合国家产业政策的合作社投资开发项目，政府可以对营运设备给予无偿补贴；对合作社运营评定达标的给予奖励。

4. 低价供应生产资料，或给予价格补贴。

5. 设立财政支持农民合作社发展专项基金，主要用于合作组织成本补助、可持续发展、开展国际交流。

6. 合作社接受的社会捐助款项免交所得税。

7. 法律禁止任何个人和组织向农民合作社寻租谋利和进行摊派。

8. 有关农业的国家项目优先由农民合作社承担或积极吸纳合作社参与。例如，国家农业综合开发项目、扶贫项目、技术推广项目、环境和生态保护项目等，都应积极吸纳合作社参与实施。

9. 政府部门和机构向农民合作社免费提供政策、市场信息、贸易拓展等项服务。

10. 设立全国合作经济学院，为各类合作社培养管理人才，并开展合作社干部短期培训。合作经济的培教事业应当得到国家财政的有效支持。

党的十六大以来，牛老常常感到兴奋，因为从党的十六届三中全会决议和 2004 年、2005 年两个“中央一号文件”中他看到了，我国的发展政策发生了有利于“三农”的重大转变，去年和今年“两会”更是将解决“三农”问题放在“重中之重”的位置，各项举措切实有力，农民权益维护有了转机。不过，牛老认为欲使“三农”发展显现美好前景，还有很长的路要走。

附：农业产业化课题研究十周年总结（摘录）

牛若峰

从20世纪90年代初山东出现“贸工农一体化、产加销一条龙”，我观察了三年，随后开始该项研究，现在已有十年光景。这是我们自由研究颇富成果的十年。

我们注意到，关于农业产业化经营的基本观点得到了广泛的认同，也有人提出异议，或者未予理睬。同时，实践总是发展的，需要进行追踪研究，对出现的一些新情况、新经验做出恰当的概括，对一些异议给出合理的解释。这就是本篇《观察和评论》的动机。

一、农业产业化经营面对两个市场

我们所说的农业产业化经营，是指产加销一体化的经营方式，它是市场经济发展到一定阶段的产物，比起产加销割裂、买断卖断的交易方式是一个巨大的进步。

以产加销一体化表征的农业产业化经营是市场经济的必然选择。自农业实行家庭承包经营开始，经过多年的改革与发展，到党的十四大确立社会主义市场经济体制时，计划调节退缩到极小范围，市场调节已占绝大比重；农产品短缺已成过去，卖方市场开始转变为买方市场，农业发展进入一个新阶段。新阶段面临着突出矛盾和挑战，主要表现在：（1）超小农户分散经营规模不经济，不能直接进入社会化大市场；(2) 农产品供给的品种结构和质量结构不适应市场需求的品种结构和质量结构；(3) 农业产加销各环节割裂，交易成本高，整体效益低，初级产品生产比效益低，不能适应农民增加收入的需求。要解决这种矛盾，除必须出台相应的宏观政策外，发展农业产加销一体化经营是一种可行的选择。

农业发展新阶段的任务是在满足市场需求的同时增进农产品的附加值。这样，不仅要进一步解决初级产品生产与销售的链接问题，而且必须将生产、加工和流通各环节联为一体，使相关环节运作内部化，构成产加销一体化的经营体系。正是这样的农业一体化组织和服务系统，能够引导和帮助农户的商品生产走上专业化、社会化和集约化之路，形成聚合规模经济，整体地进入社会化大市场；依靠农业一体化经营系统，延长农业产业链条，实现加工增值，减少中间环节，降低交易费用，提高农业产业的比较效益；依靠一体化经营系统将部分外部经济变成内部经济，发挥组织协同和产业协同效应，构造新的利益分配机制，共同防范自然风险和市场风险，提高各参与主体的经营效益，实现共赢。

农业产业化经营从一开始就面向两个市场：国内市场和国际市场，以其成批量、标准化的鲜活产品、制成品和半制成品供应两个市场，在融入国内国际供应链的同时，延长自己产业系统的价值链。这样，自然地要应对来自两个市场竞争对手的挑战。入世（WTO）谈判时，中国承诺开放农产品市场，开放幅度远大于其他国家，使中国农产品在国际市场上处于不利地位。不能设想富国会与穷国讲平等。表面上看，运行规则是平等的。比如中国可用 WTO 黄箱蓝箱政策空间多达 3 千亿元，但你用不起，事实上并不平等。我国入世后三年过渡期已经过去，随即面临后过渡期新的挑战。必须看到，发达国家早已预先做好准备，在 WTO 框架内变换其农业支持和保护的手法，通过实施所谓“反倾销”和“绿色”壁垒，对中国农产品进入设置障碍。美国、欧盟和日本都分别采取过类似的措施，贸易摩擦层出不穷。我们能否赢得更多贸易机会，关键取决于提高农业产业化经营的核心竞争力，要看我国的品牌信誉、产品质量和服务水平能否赢得国际市场的青睐。

二、农业产业化经营的发展态势

农业产业化经营是产加销一体化的经营方式，是自愿联合的行为主体的利益共同体。但不是任何地方和领域都能发展农业产业化经营，它受到一定条件的制约。这些条件在很大程度上决定着农业产业化经营发展态势和特点。

（一）发展农业产业化经营的必备条件

1. **商品生产已有相当的发展，当地的农业生产除能满足农业人口自给需求外，已经有了可以成批量的剩余产品可供出售，或者具有可供开发、能够发展成长为当地支柱产业的资源。**无论前者还是后者，都产生一种客观需要——首先组织农产品运销，有条件时发展加工、增进附加值，这就用得着农业产业化经营。

2. **市场机制已有相当的发育。**农业和涉农经营者可以自主经营，各种农产品可以自由购销，不存在政府或经济部门对市场、购销和价格的垄断。不论什么地方、什么产品，只要有垄断，就难有产加销一体化经营发展的空间。

3. **当地或邻近地方已有正常运作的农业企业。**例如，农产品加工、运销或外贸企业，为持续地获得合格的原料，就需要与农户构建稳定的产销关系，从而使农业产加销一体化成为可能。在我国，没有相当企业的带动，农业产业化经营便无从谈起。

4. **已经建有或者能够建立某种农民组织。**例如，农民专业协会、专业合作社，或者当地有健全的社区合作经济组织、其他形式的农业服务组织，都可以是农户加盟农业产业化经营的组织者和中介。农民组织化是农业产业化经营持续健康发展、实现联合主体共赢的关键。

5. **发展农业产业化经营需有政府的支持**。从认定产加销一体化是市场经济条件下农业发展的方向起，政府就一直持积极支持的态度。政府支持的力度和重点，对农业产业化经营发展态势和模式具有直接影响。

这五个条件的性质和作用是不相同的，其中有基础性和前提性的，也有关键性和保证性的，而且不是同时齐备的。农民组织化进程滞后、发展缓慢，是农业产业化经营组织条件不均衡、主体不对称的重要原因。

（二）农业产业化经营发展的基本特点

从山东省潍坊市及其他经济比较发达的省份出现农业产业化经营到现在只有十多年，目前仍处于初发阶段。

1. **发展是快速的、健康的**。截至 2002 年底，全国各类农业产业化组织总数达到 9.4 万个，分别比 1996 年（第一次调查年）和 2000 年增加近 7 倍和 41.6%。各类产业化经营组织带动农户达到 7 265 万户，占全国农户总数的 30%，分别比 1996 年和 2000 年增加 20.5 个和 5 个百分点。从产业化组织数量及其覆盖农户比例来看，中国农业产业化经营的发展是快速的。考虑到部分“龙头”企业与农户联结机制不完善，不少地方仍停留在买断关系上，这些“快速增加”的数目不免有夸大成分。

所谓发展是健康的，是说在指导上是积极稳妥的，坚持了正确的方向，没有采取“运动式”硬性推进，因而没有发生大的明显的偏差。这与主管部门的认知程度、引导、监督和规范是分不开的。

2. **不同地区产业化经营组织发展不平衡**。据农业部多次调查表明，农业产业化经营组织地区分布很不平衡，具有明显的发展不平衡性，总的来看，从东到西呈递减趋势，这在很大程度上反映了地区条件的差异，与区域经济发展的不平衡性相吻合。从1996年农业部产业化办公室第一次调查起的7年间，各地区农业产业化组织数目都有大幅度增加，但区域比重发生了显著变化，其中东部和中部所占比例分别下降10.7个和6.5个百分点，西部所占比例相应增加16.2个百分点。这种变化从一个侧面表明，东中西部农业产业化发展不平稳性开始逐步缩小，但要达到大体均衡还有很长的路要走。

3. **组织模式和联结方式多样性。**农业产业化经营组织模式取决于谁在其中起组织主导作用。按照这一标志，农业产业化经营主要有三种组织模式，即"龙头"企业带头型、合作社等中介组织带动型、专业市带动型，还有其他类型。近7年来，各种发展类型的组织数目都明显增加，但不同类型所占比例则呈轻微波动变化态势，其中专业市场带动型和其他类型的比例相应下降，这表明农业产业化经营组织结构在逐渐发生变化。

目前，"龙头"企业带动型和合作社等中介组织带动型占到农业产业化经营组织总数的74.4%。先前我们以"公司＋农户"表示"龙头"企业带动型，其中的"＋"号是联结的代号，是说公司企业通过某种制度、组织、机制等方式作为中介与加盟农户实现联合。如果以合作经济组织（合作社）为中介，则可以合作社∈农户来表示"龙头"企业与加盟农户的联合。先前使用的"公司＋农户"那种表达过于简化，容易引起一些误解。但我们一再说明，没有以任何方式实现联合的，一边是公司企业，另一边是分散的农户，各行其道，买断卖断，不能算是"公司＋农户"，有的人将并未"加"起来的公司和农户塞入"公司＋农户"之列是不对的。我们承认，"龙头"企业带动模式是公司和农户两种异质主体的联合，在很大程度上是资本与劳动的联合，具有主体不对称的缺陷，在利益关系上是对立的统一。而合作经济组织带动型"合作社∈农户"，则是同质主体之间的联合，本质上是劳动者之间的自愿联合，属于农民自组织，其利益关系较易达致一致。我向来认为，合作社带动型比起公司带动型更进一步，将来有可能发展成长为自由劳动者联合体。我等研究较少的是专业市场带动模式。专业市场不仅从事产品集散交易，而且应在组织产地市场和销地市场方面发挥更大作用，甚至在有消费规模的城镇发展超市贸易。

与组织结构相联系，农业产业化经营系统内联结方式也是多样的一直居第一位的是合同（契约）关系，其次是合作制关系和股份合作制关系。各种联结方式的组织数目都有明显增加，但各占比例变动则有不同情况：合同关系所占比例逐期明显下降，合作制关系和股份合作制关系所占比例则呈波动变化。到目前为止，合同这种初级联络方式最为普遍，在数量上仍占优势。

4. **带有明显的初发特征**。目前，农业产业化经营的"龙头"企业和组织规模小，实力薄，国际竞争力不强。在现有"龙头"企业中，年销售收入上亿元的企业仅占"龙头"企业总数的4.7%，中小企业和组织居多。从事初级产品加工者较多，从事精深加工者较少。我国农产品加工程度只有45%，而发达国家高达80%；我国农产品加工产值与农业产值之比仅为0.6∶1，而发达国家高达3∶1。农业产业化经营"龙头"企业和组织与加盟农户利益联络机制不完善、不稳固，尤其是"公司+…农户"模式在利益联结上问题较多。合同关系作为龙头企业联结加盟农户的一种制度安排，是相关主体实现联合的初组形式。尽管合同关系、合作制关系和股份合作关系在联结方式中已达到77.8%，也不可高估"龙头"企业与加盟农户利益联结机制的完善和紧密程度。

农业产业化经营系统内主体地位不对称，是初发阶段最为突出的问题。虽然加盟农业产业化经营的农户已占到30%以上，但是实际参加各种专业合作经济组织者不过占农户总数的4%左右。这两个比例如此之大的反差，足以说明加盟主体发育不良。尤其在“公司十…农户”模式中，公司企业与加盟农户远不是平等的合作伙伴，两者在谈判、签约、运作和利益分配上的主体地位很不对称。

此外，扶持政策落实不力，农业的行政管理体制改革滞后，一些地方追求发展速度而忽视质量，也在一定程度上影响农业产业化经营持续健康发展。

这些初发特征，多是发展环境条件的伴生物，不属于农业产业化经营本身制度性产物。

（三）农业产业化经营中主体地位不对称与国家政策

前面已经指出，农业产业化经营系统内主体地位不对称，主要是“龙头”企业与加盟农户的主体地位不对称。相对而言，作为“龙头”企业的公司处于强势、主动和制导地位，而加盟农户则处于弱势、被动、从属地位。形成这种状况，有来自相关主体本身的原因，也有政策方面的原因。

从相关主体发育的状况来考察，“龙头”企业与加盟农户之间存有很大差异，后者在许多方面明显处于劣势。

再从政策层面来考察。加盟农户的劣势状况，一方面源于自身的先天不足，同时与国家政策有着密切关系。长期以来，国家对农民只取不予或多取少予，造成农户贫薄，多数缺乏扩大再生产能力。农民组织化程度低，农民合作经济组织发展缓慢、发育滞后，除了农民自身原因外，主要是政府支持不力，说的多做的少，迟迟没有出台明确支持农民全作经济组织的专门政策和法律法规。农民组织化，发展农民合作社，应当是21世纪头十几年中国“三农”发展的一大战略。这是一个绝对绕不过、必须尽快解决的问题，早解决早主动。

如果考察一下政府对“龙头”企业的态度和政策，则可以发现另一种景象。政府按照“五有”标准，培育“龙头”企业和企业集团，按照“申请标准”，选拔认定国家级“龙头”企业作为关爱的对象，给予税收优惠、财政扶持、金融服务等重点支持。国家农业部等八部委相续三次选拔认定国家重点“龙头”企业580家，说是“形成了国家重点龙头企业为核心、省级重点龙头企业为骨干、数万中小龙头企业为基础的农业产业化企业群”。但是，在580家国家级重点“龙头”企业中，找不到一家农村合作社企业，大概是由于是合作经济组织达不到政府规定的“申报标准”，所以不能成为重点支持对象。这样一来，国家认定“重点龙头企业”和给予重点支持的政策，不能不说是支大不支小、支强不支弱的政策。说“支持龙头企业就是支持农民”，这要看“龙头”企业与加盟农户的利益关系处于什么状态，要作具体分析，不能一概而论。“龙头”企业不是自封的，也不是政府赐封的，而是在组织带动农民发展农业产加销一体化经营的市场竞争中涌现出来的。“龙头”企业之所以被称为“龙头”，是因为它们在发展农业产加销一体化经营系统中处于中心枢纽地位，起着组织、引导、带动作用，至关重要的是应当得到加盟农户的认可，得到市场的认可。至于政府认定，那不过是享有优惠政策支持的门槛。

三、农业产业化经营：多元主体利益联合体

关于共同利益是农业产业化经营赖以成立和持续健康发展的基础。

运行实践中许多没有达到“共赢目标”，甚至有扭曲和蜕变，很值得注意。

（一）农户的两种选择

现今中国农业商品经济中，存在两种交易方式：一种是一般

的市场交易，自由购销，买断卖断，并无共同利益联结；另一种是农业产业化经营，以共同利益为基础，形成产加销一体化经营系统——多元主体利益联合体。这两种交易方式在许多领域内将长期并存，于是农民便有两种选择。无论作出哪种选择，都是农民的经营自主权，谁都不能强制农民。

在一般市场交易，自由购销方式下，生产、加工和销售各环节是分离的，孤立的农民与孤立的企业进行商品——货币交换，一次性卖断买断，自然带有市场自由交易所固有的盲目性，不稳定性和难预测性。对于农民来说，这种交易方式比较自由，只受供求关系的制约，不受别的规则约束，但须独自承担市场风险；在短缺经济卖方市场情况下，如果没有国家强制性定价收购，农民抓住了有利的价格机会，就能获得自由交易利益。

在规范的农业产业化经营条件下，采用“市场导向+非市场安排”相结合的运行机制，将部分市场关系内部化，可以克服一般市场运行的盲目性，共同规避风险，降低交易费用，提高整体经营效益，可使各参与主体合理分享经营盈余。是否选择加盟农业产业化经营，农民的尺度是指望获得比不加盟更高的预期收益，或者加盟收益大于加盟成本。与此同时，农民选择加盟农业产业化经营，必须与“龙头”企业共同遵守签订合同的约束，从而丧失一般市场交易那种“自由”。

(二) 共同利益是多元主体联合的基石

公司企业和农户的利益是对立的，而在一定条件下又是统一的，是对立统一的关系。在农业产业化经营中，“龙头”企业（组织）与加盟农户联合发展，是出于相互的需要和共同的利益。诚然，公司和农户的经营行为，都是在自身利益驱动下，追求利益最大化。但是，不论公司还是农户，谁也不能仅仅通过一般市场交易而单独达到这一目的。因此，它们必须联合起来发展农业产业化经营。“龙头”企业从事农业产业化经营，依靠加盟农户作为第一车间稳定地提供合格的初级产品或原料，而不必自已租买土地创办农场、畜牧场和水产养殖场，省去大量资金和成本。条件是，“龙头”企业要向加盟农户提供所需服务，并与之分享联合经营的利益。加盟农户则依托“龙头”企业将其初级产品经过加工销售出去，等于有了稳定的市场，而不必担心产品卖难，并有望分享部分增值利益。

有个“结”必须解开：产业经经营系统的利润是“龙头”企业和加盟农户共同创造的，不能看成仅是“龙头”企业独家的利益。“龙头”企业对初级产品（原料）生产没有预付，长期形成的价格关系不能反映初级产品（原料）的真正价值，尤其在生产资料价格不断攀升情况下更是对农户不利。既然产业化经营中“龙头”企业与加盟农户联合经营，“龙头”企业理应通过保护价格和利润返还来予加盟农户以补偿，使加盟农户能分享到部分加工增值和销售利益。这样的利益分割是合情合理的，不存在谁“沾”谁的便宜，或让企业“保护”农户。如果公司企业靠剥削农户赚钱，就从根本上违反了产业化经营的宗旨，是行不通、不会持久的。

农业产业化经营系统利益分配的基本原则是“风险共担、利益共享”。“共担”是“共享”的前提，“共享”是“共担”的预期。为实现“风险共担，利益共享”，必须建立和完善保障体系，包括稳定的制度、机制保证，例如合同（契约）、风险基金、利润分配制度，以及农民合作社之类的组织保证。

现在，不少地方所谓“产业化经营”仍停留在买断关系上，利益机制很不完善，农民获利少。为何农民获利少？说到底，在于农户不具有与公司企业平等的主体地位，即主体地位不对称。要真正缩小各类居民过大的收入差距，逐步接近或达到收入大体均衡，必须给农民以平等的国民待遇，实现权利平等。

他心里始终装着农民

——记农业部原政策体改法规司司长、优秀共产党员郭书田

◎农民日报记者　黄良天

1991年8月1日，农业部政策体改法规司司长、高级经济师郭书田应原联邦德国霍英海姆大学的邀请，赴德访问和考察。

行前，他找到了当时的部长刘中一和分管干部工作的副部长马忠臣，要求办理离休手续。刘中一问："你不是没到年龄吗?"

"再过两个星期，就是我60岁生日了。等我从德国回来，就超过两星期啦。”郭书田提出了提前离休的三点理由：一、新陈代谢是自然规律；二、中央有规定，作为老党员应带头执行，不能搞例外；三、有利于年轻干部成长，对事业有好处。他说：“办好离休手续，我再以学者身份出国考察。”

考虑到农业部的整体工作，党组没有批准郭书田的离休申请。

转眼到了 1992 年 8 月 14 日，郭书田在司长的岗位上度过了他的 61 岁生日。这位党龄已经超过 40 年的老党员又一次向党组织重申了他要离休的三条理由。组织上说：“那再坚持两个星期吧，27 日前，你还必须以农业部司长的身份到中央统战部开办的一个学习班讲一次课。”

1992 年 8 月 28 日，“超期服役”了一年又两个星期的郭书田在农业部机关主持了他一生中的最后一次司务会，部党组宣布了批准他离休的决定后，郭书田神情严肃地站了起来，把文件和办公室的钥匙交给了他的继任者：“我以司长的身份向组织上和同志们提最后一个请求：一不返聘、二不留办公桌、三不开欢送会。”说完，干净利索地结束了他长达 43 年的公务员生涯，“一身轻”回到了农丰里那排高高的槐树下，回到他宁静的家。

离休后的郭书田，也曾有过一段短暂的洒脱悠闲。除了诵读诗书，有时也到潘家园、日坛和德胜门的古玩市场走走，收集些古钱币回家把玩欣赏。从北农大副教授岗位上退下来的夫人孙美莉常揶揄：“还经济学家呢，你不懂这是真钱变假钱，活钱变死钱吗?”郭书田头都不抬：“这是文化。”言来语往，透着老夫老妻的恩爱。

然而，桃李不言，下自成蹊。郭书田 40 多年来，尤其是改革开放以来在中国“三农”理论研究和政策探讨方面的名声和贡献，却怎么也无法随着他从官场的隐去而从社会和历史中随风逝去。“对于中国的‘三农’问题，郭书田就是一部历史”，一位青年理论家说：“作为政府官员的郭书田，原先就表现出了更多的学者风度，卸去官职的郭书田，将更还原他的专家本色。”

没有清闲多久，郭书田家的电话，比他在职时更频繁地响了起来。各种国际国内理论研讨会学术报告会的请柬，各种学会协会理事会、各高等学府及党校、干部学校的聘书纷至沓来。也只有到了这个时候，老共产党员郭书田才发现，从一出生就没有离开过“农”字的他，原来压根就无法割舍自己与那个弱势群体、那片广阔天地、那条古老产业链的真情和厚爱。

他又走出了家门，像一个年轻的陀螺，在“三农”这片宽广厚实的土地上，在共产党人的历史使命感和专家学者的时代责任感的双重鞭策下，不停地旋转了起来。有人做过统计，郭书田离休 11 年来。担任过的国内外社会职务多达 90 多个。今天，郭书田已经年逾古稀了，他的肩上，还担任着 16 项国家级社会或学术职务。还有人做过统计。郭书田离休 11 年来，仅在农业部第一届软科学委员会就主持了 14 次关于“三农”问题的专题讨论；仅在中国管理科学院农业经济技术研究所就主持完成了 3 项国际合作研究项目和 13 项国家重大课题，还编著出版专著 18 部、编辑或参与编辑丛书文稿 20 卷（册、集）、参加了 64 次重要的国际学术活动；仅在本世纪的第一个年度，就 36 次出差调研。行程涉及东中西部的 19 个省、市、自治区，担任了 4 名研究生的导师，为 3 187 名中央党校、中国农业大学研究生及各种干部培训班学员讲学 31 次、138 课时，还参加了 58 次国际国内学术研讨会。发表了 31 篇学术论文。至于他在离休的 11 年间，总共做过多少调研，走过多少路，做过多少报告，指导过多少博士、硕士研究生，恐怕连郭书田自己也难以精确统计了。

“他比离休前更忙了！”郭书田的家人说。

郭书田膝下一男一女，儿女各有一子。女儿郭晓鹏和她的爸爸同属羊，同一天生日。可自从老爸离休后，晓鹏就难得与爸爸一起过生日了。

2001 年 8 月 14 日，郭书田的 70 岁生日。这一天，他在东北长春，参加中国农经学会年会暨增加农民收入研讨会。郭书田在这天的日记中这样写道：

上午大会发言，我讲了农民收入的阶段性、结构性、地区性的特征问题。

提交了论文《千方百计增加农民收入》。

下午大会总结。

今天是我的生日。晚餐时，请服务员做了一碗面条。

往前推 5 年，是 1996 年的 8 月 14 日。郭书田在当天的日记中写道：

今天是我 65 岁的生日。

1993 年的今天。是我离休后的第一个生日，在海南岛因车祸住在医院中。

1994 年的今天，在内蒙古调研，在白丰镇到凉城的汽车上。

1995 年的今天。到内蒙古临河参加农村社会学研究会召开的当代农民问题讨论会后，在返京的火车上。

郭书田日记中所说的车祸，发生在当年的 7 月 13 日。此前，他应邀和一批经济学家到海南就农产品批发市场问题进行调研，当日在该省临高县发生车祸，脑蛛网膜出血，被送至省医院抢救，后转到康复中心治疗，一双儿女赶到海口护理，才得以和年过花甲的离休老爸一起，度过了一次父女共同的生日。而就在这次住院期间，郭书田还是没能忘记他的使命和职责，他根据在海南的调研和思考，在病床上完成了《论建设市场经济载体》和《论中国农村工业化问题》两篇论文。时任国务委员的陈俊生同志看后，欣然批示："书田同志：你的几点意见很好，我都赞成。你如果同意的话，可送农民日报发表。"不久，

《农民日报》和《中国乡镇企业报》先后全文发表了这两篇见地新颖的论文。

郭书田常说："我这辈子对不起我的家人。"相对于他对祖国"三农"事业的痴情，郭书田此话绝非虚情。他的老伴比他大四岁，每天在家照顾"第三代"，郭书田则整天东奔西走，一切家务全由老伴承担，而且还要接电话收信件。每次出差回来，第一句话总是"找我的人又是很多吧？你没在电话里得罪人家吧？"

今年初，一些同志建议将郭书田从1978年以来发表的农村研究文稿结集出版，有关编辑面对检索结果惊诧不已：25年间，郭书田撰写了670篇300多万字的论文！其中离休后的11年间，撰写发表了392篇168万多字的文章。平均每个月3篇、1万字以上。从离休司长到著作等身的"三农"理论家，这对于郭书田这个年届古稀的老人，需要怎样的毅力，怎样的执著，怎样的热爱，怎样的痴情！

2003年春天，京城"非典"肆虐，郭书田难得在家呆了一些时日。

"五四"这天，全家三代聚齐。南松、东涛孙子俩硬把依然每日笔耕不辍的爷爷拉到了朝阳公园。蓝天绿地之中。郭书田看全家老小撒欢大自然，高兴之余，也顿生无限感慨。回家之后，给松松与涛涛写下了《我的十点寄语》：是曰不卑；是曰不辱；是曰不怠；是曰不骄；是曰不奢；是曰不虚；是曰不畏；是曰不邪；是曰不欺；是曰不孽。

郭书田在这篇留给儿孙的"祖训"中写道："以上十曰，亦谓十戒。一言以蔽之：笃厚，乃家传之道。吾力为之而不足，憾矣。望汝等善为之而有卓效。"

其实，以上十曰，亦谓十戒，一言以蔽之：笃厚。也就是郭书田一生的身体力行，郭书田官品人品作风文风的真实写照。

早在1988年8月初，郭书田到北戴河参加中央召开的研究推进物价改革的会议，看到中央有关部门提出的大幅度提高钢材、煤炭、石油等原材料价格。而农产品价格基本不动的改革设计，大为吃惊。他立即按照组织原则，表达了他的担忧：这个设计，没有真正体现改革精神，将使中国经济出现严重局面。两个星期后的8月23日，郭书田在向全国人大有关部门介绍农业形势时，再次表明了他的意见："今年粮食将减产，政策不当是粮食生产上不去的根本原因。破除城乡二元结构，是农村第二步改革的基本任务。"

这一年，郭书田的呐喊没有被理会。次年3月3日，国务院又颁布了《关于进一步做好农林特产税征收工作的通知》，决定"为了稳定粮食生产，全面提高和扩大农林特产税税率和征收范围"。无奈的郭书田提笔在这个文件上写下了四个大字："鸡飞蛋打"。

"稳定粮食生产的目的达不到，农民负担却因此加重了。"郭书田当年这样评价农林特产税的征收政策。

不幸的是，他的担忧变成了现实。1989年11月9日，中共中央召开十三届五中全会，大会承认：我国农业已经处于基础脆弱后劲不足的严重状态，工农业比例严重失调，现有农业已支撑不了过大的工业生产规模。中央作了自我批评：这些年，对农村形势的估计过于乐观，党中央国务院对我国经济生活中出现的困难和问题负有重要责任。大会决定进一步治理整顿和深化改革，全党动员起来，集中力量办好农业。

但时隔不久，有的领导同志在一次讨论经济工作的会议上，相继提出提高农业税率。有关部门根据这些领导同志的意见，很快提出了具体方案。听到传达，郭书田为之震惊。在农业部党组扩大会上，党员郭书田直抒胸臆："农民的负担已经很重了，此举不符合五中全会精神，对中央的决议，领导同志应该带头身体力行。”郭书田的意见，得到了农业部党组大多数同志的赞同，即以正式报告的形式表达了不同意见，这个提高农业税税率的方案才被搁置。

郭书田认为，“三农”问题，说到底，是个农民问题，这是中国问题的核心。正如江泽民同志所说，农业兴百业兴，农民富国家富，农村稳天下稳。离休以后的郭书田，没有卸下为中国“三农”问题鼓与呼的共产党员天职和经济学家道义。

1996 年 8 月 13 日，郭书田 65 岁生日的前一天。时任中共中央书记处书记的温家宝同志在中南海召开农民负担问题座谈会，郭书田第二个发言。讲了三点：一、农民负担重的根子在中央的有关部门，因此要煞源头；二、解决农民负担问题应标本兼治，通过税制改革，根本解决农民的税外负担，改变目前“取大于予”的局面；三、下决心精兵简政，推进农村政治体制改革，彻底解决目前“生之者寡、食之者众”的局面。

1997 年 10 月 23 日，这位从事农村工作近半个世纪的老同志又在中央某部门召开的《农民负担法》座谈会上动情地说：“减轻农民负担，这是关系保护农民根本利益、保持农村稳定、改善党和政府与农民的关系、缓解基层干部与农民矛盾的重大问题，党和政府在这方面应该有点大的动作，不要修修补补了。”他主张：把村提留和乡统筹等属于政府性开支的那部分划出，把农民负担控制指标由 5%降至 3%；把农民的义务工和积累工合并，实行最高限额制和以有偿为主；把乡村干部坚决精简下来；从中央做起，赋予农民负担监督部门一票否决权。

2000 年 2 月 23 日，郭书田等五位专家学者，再一次以老共产党员的名义，就减轻农民负担、增加农民收入问题，向党中央国务院建议：改革农业税制，取消农林特产税、屠宰税、教育附加、三提五统、农民两工等。改革乡镇机构、实行精兵简政。三天后，时任国务院总理的朱镕基和副总理温家宝先后做了重要批示。并“印发国务院各位领导参阅”，批示农业部部长、财政部部长、人事部部长、国务院副秘书长和中央财经领导小组办公室负责同志研究。3月2日，中共中央、国务院做出决定：农村费改税进行试点。

此后，这位老农村工作者又以其独特的视角和眼光，密切注视着中国农村这一重大的改革进程，又向国务院和有关部委的领导提出《关于从根本上解决农民负担问题的建议》，继续呼吁取消农林特产税、农业税及其附加。以防止出现“黄宗羲定律”。一位部委领导深为郭书田忧国忧农的拳拳之心所感动。提笔给郭书田复信说：“你提出的建议很好，对做好费改税很有启发。”2003年春天，新任国务院总理温家宝明确表示。农村税费改革的目标，就是要把一切不应由农民负担的税费统统减下来。接着，国务院相继出台了在全国逐步取消农林特产税和农业税的时间表。

看到自己的理想在党中央国务院的统一部署下，一步一步走向现实，郭书田兴奋不已。去年5月28日，他在接受中央电视台记者采访时说：“农林特产税从1983年开征以来，累计征收了3 000亿元左右。这意味着在这20年间，农民减少了3 000亿元左右的收入。这与我们努力增加农民收入、减轻农民负担和多予少取的政策目标完全相悖。”接着，满头银发的郭书田开怀笑起来，“现在，可以让它寿终正寝了！”

我们现在已经很难统计郭书田离休以来，到底向中央和中央有关部门提出过多少促进和深化农村改革的建设性意见和合理化建议。其中又有多少在中国农村的改革和发展史上刻下了无法磨灭的痕迹。但有一点可以肯定。郭书田没有因为他的离休而停止他作为中国农村改革家的理论思考。没有因为他的离休而淡薄了他作为一名共产党员的奋斗热忱。

2001年，郭书田与新的世纪一起迈入古稀。仅在这一年里，郭书田就和一些志同道合的老专家一起，6 次就农村热点问题向中央提出意见和建议：他提出的《关于推动农业“走出去”和开展农业外交的战略思想及建议》，被时任国务院副总理的温家宝同志批示外交部部长、外经贸部部长和农业部部长研究协商落实；他提出的关于尽快制定《农村合作社法》的建议，促成了《农村合作经济组织法》列入了国家立法计划；他提出的必须修改《农业法》的建议，引起了全国人大常委会的高度重视；他提出的完善粮食购销体制的建议，促成了我国目前这深受亿万农民欢迎的粮食直补政策的出台；他提出的防止出现“黄宗羲定律”的建议，至今还在警醒着我们的改革免蹈历史覆辙；他提出的发展奶业的建议，使中国奶业的发展纳入了国家“十五计划”……

今年初，老党员郭书田和另一位专家还向党中央提出“召开一次全会专门研究‘三农’问题，就加大对农业在财政总支出的比重；免除农业税、农业特产税和乡镇统筹等费；放开城市就业；完善土地制度；放开农产品市场和农村金融市场；改革乡镇政府机构；恢复农民的国民待遇；加强农村教育体系建设；加强农业科研和技术推广体系建设等十个问题进行讨论并做出决定”的建议。

郭书田在这个建议案中说：在农村和农村经济进入结构调整的新阶段以后，出现了许多令人关注的新问题。最突出的是城乡二元结构的矛盾在一度缓解之后，出现了反弹、回潮和加剧的失衡。具体表现在农业收入、粮食单位面积产量、乡镇企业劳动力、财政支农的比重、农村经济在国内生产总值中的比重、农村经济在国内生产总值增长率中的贡献额比重、农村商品销售额在全国商品零售总额中的比重和农民储蓄比重等八个方面的下降以及农业成灾率、城乡居民收入差距、农民上访人数和乡村债务等四个方面的上升。

中国的“三农”问题，是党员郭书田心中永远的结。

郭书田朋友很多。有百战沙场的老将军，也有蜚声中外的老科学家；有满腹经纶的专家教授，也有乳臭未干的青年学子；有共和国的省部长，也有农村基层干部；有踌躇满志的国外大老板，也有尚未出道的乡下专业户；有他的老上级，也有他的老部下。但郭书田无论对谁，都以一样的坦诚见贤思齐，都以一样的虚怀学而不厌。

郭书田说，向实践学、向书本学、向贤哲学、向来者学，是使自己思想不落伍、观念不落伍、行动不落伍的永远动力。郭书田原先的部下们，如今有很多人已经成长为党和国家的部门领导了。但这些同志一提到郭书田，不管人前人后，依然一口一个“恩师”，而郭书田对于他们，也依然在任时的诲人不倦：“永远不要脱离群众，永远不要脱离实际，永远不要忘记谦虚谨慎，永远不要忘记实事求是，永远不要忘记自己是个共产党员。”

有一段往事，让郭书田感动也让郭书田受益了一辈子：1951年的一个冬日，刘伯承、陈毅两位元帅在没有任何人陪同的情况下，微服来到北京农业大学，说要找孙晓村校长。时任校长秘书的郭书田把两位元帅和孙校长领进学校的小会议室后，刘伯承元帅说：“孙校长，我们今天来，就一件事请教。大学和学院有什么不同?”孙校长说：“大学是综合性的，学院是单科性的。”两位元帅说：“这就明白了。”元帅告诉孙校长，中央军委正在筹建军事学院，但有人提出应叫军事大学，所以特意来农大请教孙校长。“老一代革命家这种不耻下问的精神，实在令人钦佩。”郭书田说。

1996年5月1日，郭书田在刚出版的《战略与管理》上读了清华大学青年教授秦晖的文章《传统与当代农民对市场信号的心理反应》，不禁为作者运用蛛网循环理论研究农民理性问题的独特视角拍案叫绝。他在这篇文章的读书笔记中写道：作者从《管子》讲起，在研究农民问题时把历史同现实紧密联系起来，把表象同内在结合起来，很深刻，很可贵。同期的《战略与研究》还有一篇皮昭勇的文章《民族主义与儒家文化》，文章和文中所引梁启超“吾不患外国学术思想的不输入，吾患本国学术思想的不发明”这句话，也让郭书田感慨万端：“这句话是很深刻的，而且也很有现实意义。我在青年时代曾读过梁氏的《饮冰室全集》，理解得很肤浅，解放后又读了很多批判康梁的文章，对康梁的历史贡献与作用知之甚少。这是很大的缺憾，也是文化贫困的表现。”

自此，郭书田更是手不释卷，涉猎范围从哲学、社会学、政治经济学扩大到他目光所及的方方面面。2003年“非典”期间，郭书田除撰写了《农业概念、功能、结构、体系的变化》、《农村全面建设小康社会的重大任务》、《关于农村全面建设小康社会的指标体系》、《中西部农业与农村经济现状及其发展思路》、《国家支持农业投入辩》、《如何实现城乡经济社会统筹发展》、《关于完善土地制度的建议》、《从2003年夏粮减产说起》等一大批有关“三农”的论文外，还把老子的《道德经》重新认认真真地啃了几遍，写下了几万字的学习札记，并在5月7日至20日不到两星期的时间里，撰写了长达十几万字的《中国屈辱史》、《中华民族原始史简稿》和《中国古代自然科学家名录》三部文稿。

郭书田说：“我现在所做的，只不过想在中国农村改革和发展的历史进程中。发挥点‘游击队、敲边鼓、拾遗补缺’的作用，力求做到‘老有所为’，并在‘老有所为’中实现‘老有所学’，不断充实和提高自己。”

1991年5月，我国农业经济学界的老前辈孙晓村先生逝世。亦已花甲之年的郭书田，怀着悲痛的心情撰文纪念老领导：“孙先生在北农大当校长时，他的办公室只有8平方米，办公室里，只有两个旧的小沙发和一个小茶几，坐的汽车是捷克的

“斯柯达”，总务部门多次提出要按规定换一部大一点的车，晓村同志认为小车省油，硬是不肯，而且每次回家时，他都要请家住在城里的同志搭车进城，一直等到车子坐满了人，才让司机开车。”

老一代教育家这种看似平凡实却让后人高山仰止的品质，郭书田铭记了几十年，也发扬光大了半个多世纪。郭书田一家，在农丰里宿舍生活了 20 多年。离休前和离休后，一直住着不达标准的老房子。儿女们提出要装修，郭书田不肯：“你铺个地板地毯什么的，客人来了还得脱鞋，多麻烦嘛。再说了，这满屋的书籍资料，你给动了，我要用时找不着怎么办?”直到今天，郭书田的家依然是原始的水泥地面，不足 10 平方米的会客室里，除了一套旧沙发和一个小茶几，就是满墙的书了。

郭书田说：“我们想好了，我们夫妻俩不管谁先走不动了。另一个就全身心伺侯。两个都走不动了，一起进养老院，国家给我们的离退休金，够我们俩‘全托’的。这样做，一不给组织上添麻烦，二不拖累儿女们。”

一次郭书田病重住院，趁着病房里只有他们夫妻俩，一把拉过爱人孙美莉：“我想写个东西，等我们俩真的哪一天走到生命尽头了，就把身体捐献给国家。一不开追悼会，二不搞遗体告别，三不发生平，四不置新衣。身体供医学院学生解剖，能移植的移植给别人，不能移植的做标本，不能做标本的烧后让儿女们送到养育了我的故乡，全部撒进那个叫‘岱海’的湖里喂银鱼。”

孙美莉深情地看着她那永远不知疲倦的丈夫：“你不觉得现在写这东西早了点吗?”

郭书田点点头：“哦，是早了些。”

老党员郭书田还想为他一生钟情的“三农”事业做很多很多的事。中国农村的改革和发展，还有很多很多的热点和难点，需要专家郭书田永远的探索和热情，中国农民还有很多很多的光荣和梦想，需要党员郭书田永远的欢呼和呐喊。

……

郭书田离休以后，几乎年年都被评为农业部机关或老干部系统的优秀共产党员。今年，郭书田所在的党支部又一次根据全体党员的意见，推荐他为“优秀共产党员”。党的组织对这位有50多年党龄的老党员是这么评价的：

他喜欢农村。他热爱农业，他愿意为农民服务，离休后，还始终保持共产党员的先进性，一直为我国的“三农”问题而奔走和呐喊。到现在仍没有停下来的意思。他的行动体现了一位老共产党员的崇高思想境界。

求真务实、勤于思考是郭书田同志最突出的特点。他反对说大话、空话、套话，坚持说真话，反映真实情况。多年来，他通过调查研究提出的意见和建议，多次得到党中央国务院领导同志和有关部门的重视和批示，促进了问题的解决，为我国农村的改革和发展作出了积极贡献。

党员郭书田，就是这样的一个人。

（载2004年7月1日《农民日报》）

附：乡镇政府改革与乡村治理（摘录）

郭书田

一、改革的急迫性

乡镇政府改革十分紧迫。

第一，过去乡镇政府的工作对农民索要的多。农民把乡村干部称之为“三要”干部。由于先后取消农业特产税和费改税以及最终取消农业税，向农民收钱的问题也已基本解决。在这种背景下，一些地方的乡镇干部无所适从，不知该干什么，有的甚至陷入赌博的泥沼。在“三要”基本不存在的情况下，目前突出的是要地，即政府以强制的办法将农民承包的土地收为国有，然后兴建各种开发区以及各种基础设施建设，出现了大量的“三无”农民（无地、无就业门路、无最低生活保障），成为目前最大的社会问题，而乡镇干部又处在与农民打交道的第一线，与农民的关系十分紧张。这个问题涉及政府职能的定位与转变，已经到了非解决不可的时候。

第二，行政管理费的巨速增加，财政难以支撑。根据国家统计局2004年提出的数据，行政管理费1990年为303亿元，1995年为872亿元，2000年为1 787亿元，2001年为2 197亿元，2002年为2 979亿元，2003年为3 431亿元，12年增长11倍。同期，国内生产总值（GDP）由18 547亿元增加至116 898亿元，增长5倍；财政总支出由3 083亿元，增至24 609亿元，增长7倍。与上年相比，行政管理费增长幅度2000年为16.8%，2001年为22.9%，2002年为31.8%，2003年为18.4%。行政管理费占财政总收支的比重，2000年为11.2%，2001年为11.6%，2002年为13.2%，2003年为13.9%。2004年行政管理费高达4 064亿元，比上年增长18.4%，占财政总支出的比重为14.3%。多年来行政管理费支出的绝对数、增长幅度以及占财政总支出的比重三项指标，不仅大大高于用于农业的支出，而且增长幅度也大大高于国内生产总值（GDP）的增长率，这是一种十分畸形的财政结构，实难以为继。在行政管理费的支出中，“人头费”又占很大的比重，而在吃财政饭的人员中乡镇政府又占大头。在实行分税制以后，由于“财权上收而事权下放”，因而出现“中央财政是美日子，省财政是好日子，市财政是紧日子，县财政是穷日子，而乡财政是苦日子，”不少县乡是“吃饭财政”，甚至发不出工资。

第三，乡镇债务急剧增加。在上个世纪90年代末，农业部的统计平均每个乡镇的各种债务为400万元，而近几年来大幅度上升。据对一些乡镇的抽样调查，多数乡镇超过1 000万元，有的高达3 000万元～4 000万元。据此推断，全国乡镇债务为5 000亿元～6 000亿元。在取消农业税和免除三提五统费后，乡镇财政的来源已经断绝，而在中央及省级的财政转移支付又不能足额到位的情况下，为弥补财政支出的缺口，除了索取土地出让金的差价外，惟一的出路只有举债或欠发工资。

第四，部门林立，机构重叠，人员庞大，官僚主义严重。温家宝总理在2003年人代会上说，一个十二、三万人口的县，吃财政饭的人高达5 700人。据统计，我国人口与吃财政饭的公务员之比，解放初为600∶1，60年代为300∶1，70年代为50∶1，现在为26∶1。生之者寡，食之者众，在古今中外，实属罕见。层次多、部门多、分工细，必然带来扯皮多和协调多，又带来临时协调机构多，自然是效率低、成本高、官僚主义难以消除。现在政府的层次为五级：中央——省——市——县——乡镇，还不算行政村（村为自治组织，在当前的体制下，行政村实际上成为一级准政府）。虽然中央要求机构设置不要上下对口，但各个系统都要自成体系，上下垂直管理，无法不对口，必然形成各自为政的“条条专政”局面。目前，乡镇党政机关的领导班子有七套，都是县和县以上的机构对口的，即：党委、政府、人大、政协、纪委、武装部、政法委。另外还有部分吃事业费的七所八站等。按规定行政编制为30～40人，而实际吃财政饭的多为300～400人，比编制人数多10倍以上。多数乡镇的主要领导人（包括党委书记、乡镇长）都有一部汽车（配备一位司机），而乡镇的领导人多数又居住在县城。由于上级的“婆婆”太多，各级干部主要精力用于应酬，难以深入基层“了解民情，反映民意，集中民智”（县委书记、县长能用于到基层调查研究的时间不到10%）。这种上层建筑能不脱离广大人民群众吗？农村社会能稳定吗？和谐社会能建立起来吗？党的执政地位能巩固吗？

近两年，有些省级政府采取了一些改革措施，收到了一定的成效，主要有以下几项：

一是并乡并村。即由小乡并为大乡，由小村变为大村，减少乡镇和行政村的数目。

二是精简乡镇机构。

三是政事分开。将属于带有经营性的事业机构转为了自收自支，与政府脱钩，减少吃财政饭的人员。

四是乡镇领导人直选。有一些地方采取“双票制”的选举方法选举乡镇长。即先由全乡镇公民直接选举乡镇长，然后在乡镇人民代表大会上正式选举乡镇长，既能反映民意，又不违反现行选举法。

五是取消地市级财政。省财政直接对县财政。

六是"乡财县管"。有的地方实行"乡财县管"，堵塞了乱开支的漏洞，并且在此基础上按照"谁的孩子谁抱走"的原则，逐步化解乡镇的债务。

这些改革措施虽然收到一定成效，可以说也是可喜的尝试，需要认真总结其经验，但毕竟属于治表性质，还不是治本。

二、改革的目标与指导思想

根据建立和完善与社会主义市场经济体制的目标相适应的行政管理体制，推进乡镇政府改革，在总结历次改革经验的基础上，需要确立以下指导思想：

一是治本。通俗地说，由于积弊甚深，要动大手术，即伤筋动骨，不是用擦红药水的办法能解决的。为此需要有一个总体设计和分步实施的规划。

二是减少行政管理层次。从纵向推进政府改革，解决层次过多问题。把现行的五级政权管理改为三级管理，地市一级改为省级派出机构，由省直接对县；乡镇一级改为县级派出机构，把村民自治延伸到乡镇，实行乡民自治。这样可以大大减少环节，降低成本，提高效率，有利于克服官僚主义。

三是拆庙搬菩萨。从横向推进政府改革，解决部门林立、职能交叉重叠、协调机构过多问题。首先是拆庙，按照"经济调节、市场监管、社会管理、公共服务"的职能，合并和精简政府机构，取消各种临时协调机构，处理好综合部门与专业部门的分工关系，减少行政人员。不拆庙是减不了菩萨的。

四是转变政府职能。切实解决政府职能"三位"问题。即越位、错位和缺位。严格实行政企分开，政事分开、政资分开。只当裁判员，不能既当裁判员又当运动员。建立公共财政，各级公务员用于公共服务的经费，由财政予以保证。

五是充分发挥社会组织的作用。让非政府的社会组织成为政府与广大人民群众联系的桥梁，既是加强党的执政地位的依靠力量，又是自我管理、自我服务、自我教育、自我监督的公共组织，应当充分发挥它们的功能。在农村，由农民自发组织起来的各种群众组织，如红白理事会、禁赌协会、纠纷调节委员会、老人协会等，能化解各种尚处在萌芽状态的社会矛盾，积累了很好的经验。在农村还应特别重视和发展各种形式的合作组织，作为农民联结市场的纽带。

六是分类指导。根据经济社会发展的不平衡性，采取分类推进的方针，不一刀切。

此外，在推进政府机构中，还必须同时处理好各级党组织与政府的关系，真正做到党政分开，各司其职，解决好职能交叉与重叠和以党代政问题。

乡镇政府改革分为两步：

第一步，按现在已经在推进的合并乡镇和行政村，精简合并乡镇机构，减少行政人员。在东、中、西部各选择一个省，一个省选择一个县试验，以取得经验。

第二步，在试验的基础上，总结经验，分步骤地在全国推进。

为此，建议成立两个小组。一是规划小组，即由超脱部门利益的一些权威性的专家、学者组成，做出规划设计，经过反复的科学论证，提交人大讨论通过，实现决策的民主化和科学化，避免决策的失误。二是指导小组，即由两部分人员组成，一部分是由中央、省、地、县、乡镇五级的代表组成，另一部分是由中央各个部门的代表组成，负责改革的实施与监督。

三、领导的决心与魄力

实施这项改革的难点在于党政领导的认识、决心与魄力。在思想认识上存在“三怕”，即：一怕乱。认为目前压倒一切的任务是稳定，改革必须服从稳定的大局，适应稳定的承受能力，因此只能在现在基础上做些微调，不能动大手术，不能伤筋动骨。这种认识具有广泛性和群众基础，也是成为难以治根的重要依据。二怕失控。认为加强和巩固党的执政地位必须有各级的组织保证，不能“缺腿”，否则就会造成“政令不通”，影响党的执政基础。有人甚至认为，实行村民自治是“超前”和“空想”，是造成农村社会不稳定的“祸根”，是为宗族和邪恶势力篡夺基层领导权开“绿灯”。三怕人员无出路。认为采取治本措施，必将精简大量人员，使这些人员游离在社会上，必将成为新的更大的社会问题，他们会“闹事”，影响稳定。这“三怕”是当前影响改革的主要顾虑和思想障碍，需要有“破冰”之举。不言而喻，如果没有改革开放，抵御苏联解体和东欧巨变的冲击波的难度会更大。应该用通过深化改革解决不稳定问题的实际事例经验来消除领导人中的思想疑虑。当然，改革是有风险的，但不能害怕风险而不敢改革，不改革风险会更大。只要目标明确，措施得力，步骤稳妥，循序渐进，改革的风险和成本会降低到最小限度。在农村改革中，农民创造的土地家庭承包经营，异军突起的乡镇企业，民主政治建设的村民自治以及进城打工的农民工，都是在阻力很大的情况下突破原有的体制而产生的，收到了“风险小、成本低、效益好”的效果。我们应相信群众和有自信，不能犯“因噎废食”和“叶公好龙”的错误，也不能迁就部门利益而损害国家的大局。

后 记

想给“三农”领域几位老同志写一本书的想法由来已久。在长期和他们的接触中，耳闻目睹，总感到在他们身上有不凡的品格，有动人的精神。他们对涉及“三农”的事情是那么上心，那么执著。

“三农”问题对他们来说，在职时，可以说是任务，是工作；但离退休后这种劲头不但没有减少，反而更来劲了，而且说话更大胆了。在家歇不住，有点时间总想下去调查，找基层干部、找农民谈话，而且是想到哪到哪，不用再像以前逐级通知、选点、安排、准备。找人谈话也很随便，想找什么人就找什么人。人家愿意说什么就说什么，好话坏话提意见的话，发牢骚的话，告状的话都有，连骂娘的话也要听。开座谈会，可以讨论，可以争论，自由得很，也真实得很。自己讲话，人家也不再当作什么指示，自己也不必讲套话，实话实说，有啥说啥。调查归来，有些情况供自己反思，总结历史经验教训；有些则写文章，送报刊杂志，人家想登就登，不登就扔。有些写成建议和情况反映，送有关部门，供人家参考。感到十分重要的，就送党中央、国务院，尽到一个党员的责任。

用他们自己的话说，感到离退休后活得更真实了。

我给他们写书，支持、鼓励的人不少，但不赞成的人也有。有人说，他们退下来了，没职没权了，写了谁看。不过，我倒感觉更好写了，一不用再找谁来批准，二不存在吹牛拍马之嫌，就凭着有一颗共同为“三农”呼吁之心。这些老同志虽已无职无权，却有对党和人民事业强烈负责的责任心，对农民有强烈的同情心。与许多在职领导干部相比，他们少了许多顾虑，不用顾左右言语，不用老摸乌纱帽。多了许多勇气，也多了许多对历史的深刻反思。许多问题他们都想得更深了，看得更透了。因此，他们的许多意见，也显得更加可贵了。“旁观者清”的道理，有时在他们身上确有体现。

不巧的是，在本书写作过程中，我生了一场大病，动了手术，住院许久，但责任心驱使我不敢放弃。因此，许多篇章是在病床上写的，难免有粗陋不周之处。

田纪云同志欣然为本书作序，对我是极大鼓励。

感谢乔植英、庞振月、许锡照、黄良天同志同意将他们的作品收入本书。

姬业成

2005年10月

图书在版编目（CIP）数据

三农情/姬业成编著．—北京：农村读物出版社，2006.1

ISBN 7-5048-4849-2

Ⅰ．三…　Ⅱ．姬…　Ⅲ．农业—先进工作者—生平事迹—中国　Ⅳ．K826.3

中国版本图书馆 CIP 数据核字（2006）第 006218 号

出 版 人　傅玉祥
责任编辑　王海兴
出　　版　农村读物出版社（北京市朝阳区农展馆北路 2 号　100026）
发　　行　新华书店北京发行所
印　　刷　中国农业出版社印刷厂
开　　本　850mm×1168mm　1/32
印　　张　5.875
插　　页　4
字　　数　140 千
版　　次　2006 年 3 月第 1 版　　2006 年 3 月北京第 1 次印刷
定　　价　18.00 元

（凡本版图书出现印刷、装订错误，请向出版社发行部调换）